LES RIVAGES DE LA FRANCE

AUTREFOIS ET AUJOURD'HUI

avec

8 Cartes

Par J. GIRARD

et Illustrations

d'après

BAUDIT, GRANDSIRE, GUILLEMET, JULES NOEL, ETC.

LIBRAIRIE CH. DELAGRAVE

RUE SOUFFLOT

LES

RIVAGES DE LA FRANCE

AUTREFOIS ET AUJOURD'HUI

SOCIÉTÉ ANONYME D'IMPRIMERIE DE VILLEFRANCHE-DE-ROUERGUE
Jules BARDOUX Directeur.

LES
RIVAGES
DE LA FRANCE

(CÔTES DE LA MANCHE ET DE L'OCÉAN)

AUTREFOIS ET AUJOURD'HUI

PAR

JULES GIRARD

Membre de la Société de géographie.

PARIS
LIBRAIRIE CH. DELAGRAVE
15, RUE SOUFFLOT, 15

1883

(Voir à la page 295 l'explication des termes techniques employés dans le volume.)

LES
RIVAGES DE LA FRANCE

AUTREFOIS ET AUJOURD'HUI

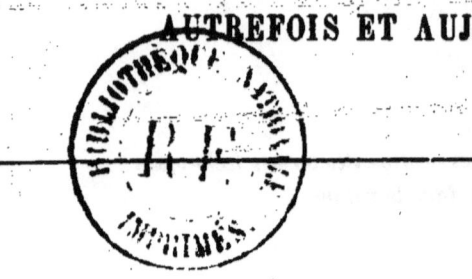

Contempler la mer par une belle journée d'été, laisser errer la vue sur cet horizon sans bornes, au-dessous du ciel incommensurable, produit dans l'âme un étrange effet d'admiration. Tout est grand dans la mer : son immense étendue, comme ses mystérieuses profondeurs. Ces monts lointains perdus dans la brume de l'horizon, ces caps avancés comme des vedettes qui semblent avertir le navigateur, le bruit sourd et majestueux des vagues bondissant dans l'écume, l'air traversé par le vol des mouettes, le silence de la nature dans l'intervalle du flux et du reflux, forment un spectacle riche en émotions.

Chacun définit la mer suivant ses habitudes d'esprit : pour le philosophe, c'est l'infini de la création ; pour le physicien, un immense assemblage des eaux ; pour le peintre, un fond de tableau ; pour le commerçant, la grande route des transactions; pour l'historien, l'arène où se sont vidées les querelles les plus fameuses.

Enfin, pour le marin, la mer est non seulement une patrie, c'est aussi une passion, une habitude et un besoin impérieux. Poète à sa manière, il est contemplateur de l'immensité et ne peut vivre sans naviguer.

Au bord de la mer s'arrête le domaine de l'homme; la terre entière lui appartient s'il veut s'acharner à sa conquête. Sur terre il domine; sur mer il n'est rien : un souffle du vent engloutit son navire.

Sur la mince limite où le flot se développe, tantôt follement irrité, tantôt mourant mollement sur le sable, il se produit de nombreux phénomènes que la géographie se plaît à enregistrer, avec un soin d'autant plus jaloux que l'étude des changements de cette limite qui trace la configuration des terres démontre l'incessante mobilité des côtes.

Ce qui fut mer autrefois est terre aujourd'hui. Nous voyons par couches, dans la première tranchée venue, des terrains envahis par la mer à des époques bien antérieures à celle où nos pères vivaient de glands dans les forêts de la Gaule. Ce sont d'anciennes plages aujourd'hui situées au milieu des continents: mais la pensée, aidée des moyens d'investigation que donne la géologie, nous reporte aux temps où les vagues s'y précipitaient en flots tumultueux.

Elles ont laissé des animaux dont l'enveloppe cal-

La soirée d'une belle journée.

caire permet au géologue de reconnaître le moment où la mer les baignait, comme les monnaies anciennes permettent au numismate de rétablir l'horizon de l'histoire.

L'immense labeur de la création se poursuit tous les jours sous nos yeux ; une partie des couches que nous foulons sous nos pieds tend à disparaître sous les flots

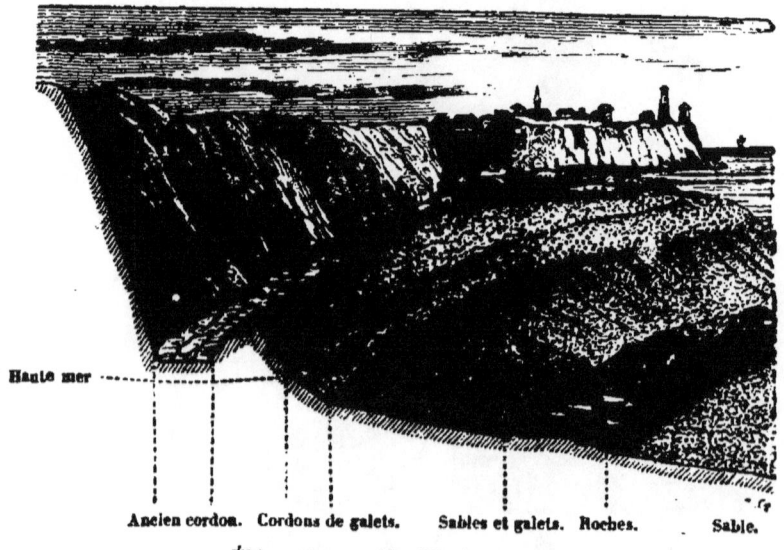

Éléments constitutifs d'une plage.

où, recouvertes de sédiments, elles prépareront ainsi de nouveaux terrains qui serviront à l'histoire future du monde.

Nos côtes n'ont pas toujours été telles que nous les trouvons aujourd'hui. Non seulement le témoignage des débris fossiles qu'on y découvre prouve les changements, mais l'histoire même de notre pays montre que, depuis l'époque où les légions romaines parcouraient la Gaule, l'aspect du littoral a été partiellement transformé.

Les sciences historiques d'une part, la topographie de l'autre, en fournissant des points de repère certains, nous indiquent qu'il se passe à la longue, sur le bord de la mer, une série de curieux phénomènes. Cette étude est du plus haut intérêt. Des milliers d'hectares ont été

Vagues brisant au pied des falaises.

alternativement occupés par la mer ou abandonnés par elle. Les caprices de l'océan ont diminué ou augmenté notre territoire.

Mais ce que les flots prennent à la terre d'un côté, ils le lui rendent d'un autre; l'équilibre se rétablit par les forces mystérieuses qui président aux révolutions de notre globe. On recherche depuis un siècle à peine les lois auxquelles sont soumises ces forces inconnues des générations précédentes; déjà, cependant, les marques faites sur les rochers, notamment dans la péninsule scandinave, ont prouvé que certains continents émergent sur un versant, tandis qu'ils s'enfoncent sur l'autre. On suppose même qu'avec la suite des siècles des continents entiers peuvent s'abîmer dans les eaux.

Une partie de la France a été submergée aux époques désignées par les géologues sous les noms du trias, du lias, du permien : époques si éloignées et si peu définies, qu'elles ne sauraient porter de dates marquées en chiffres précis. Sans essayer de lever le coin du voile qui cache ces anciennes formes géographiques

Comment se produit le brisement des lames sur les plages.

de notre pays, on peut essayer de les comparer aux évolutions dont nous sommes témoins.

Nous nous proposons d'examiner, par des étapes successives, les côtes françaises de la Manche et de l'Océan, depuis Dunkerque jusqu'à Saint-Jean-de-Luz. En nous servant des documents anciens, des traditions locales, des renseignements fournis par les localités elles-mêmes, nous les reconstituerons telles qu'elles étaient *autrefois;* au moyen de quelques croquis géographiques, de descriptions pittoresques de ces plages ensoleillées qu'on retrouve toujours avec un nouveau plaisir, nous les représenterons telles qu'elles sont *aujourd'hui*. Cette façon d'envisager un des côtés les plus séduisants de la géographie de notre territoire nous permettra d'établir d'intéressantes comparaisons.

I

LE PAS DE CALAIS AVANT L'HISTOIRE

L'étroit bras de mer qui sépare l'Angleterre du continent européen, le *silver stream*, comme l'appellent nos voisins, est l'endroit du globe le plus fréquenté par la navigation; les navires se succèdent sans relâche dans l'étroite passe, balisée aux environs de Douvres, comme ils affluent dans la Tamise. Si les eaux bleues et transparentes de la Méditerranée ont reflété les monuments anciens à l'ombre desquels s'est élevé le berceau de la civilisation, les bords moins bien partagés de la Manche sont devenus le théâtre des conquêtes de l'industrie. Le Pas de Calais est la voie où s'échangent, d'une rive à l'autre, les productions multiples de l'intelligence et du commerce.

Ce détroit n'est qu'un simple accident survenu dans le sol européen; c'est une fracture de l'immense plateau de craie qui s'étend des bords de la Seine à ceux de la Tamise; ce n'est qu'un fossé, si on le compare à l'Océan; il n'a en effet que trente-trois kilomètres de large, et sa profondeur ne dépasse pas cinquante mètres. Les tours de Notre-Dame, placées au milieu, émergeraient encore suffisamment pour que leur plateforme fût hors de l'atteinte des vagues.

Les anciens géologues avaient supposé qu'autrefois, bien avant que ces deux pays fussent habités, le détroit était remplacé par un isthme qui réunissait la France à l'Angleterre. En effet, pour l'œil le moins familiarisé, le modelé du terrain, l'identité du sol et l'aspect semblable des hautes falaises de craie qui bordent les deux rives du détroit offrent des caractères d'analogie tout à fait évidents. Le voyageur qui traverse le Pas de Calais en deux heures retrouve, en approchant de Douvres, les mêmes falaises qu'il vient de quitter au cap Gris-Nez; il revoit, dans les assises de ces murailles gigantesques, les mêmes lignes de cailloux et les mêmes crêtes dentelées qui les font ressembler, au crépuscule, à des forteresses bâties par les Titans.

Dans l'un et l'autre pays, on a creusé des puits, en notant la nature des couches traversées; de part et d'autre, les observations ont concordé avec précision; on a reconstitué le profil de la bande de l'isthme enlevée par la mer. Les historiens et les archéologues, enchérissant encore sur les géologues, ont à leur tour voulu faire la description des peuples disparus avec l'isthme.

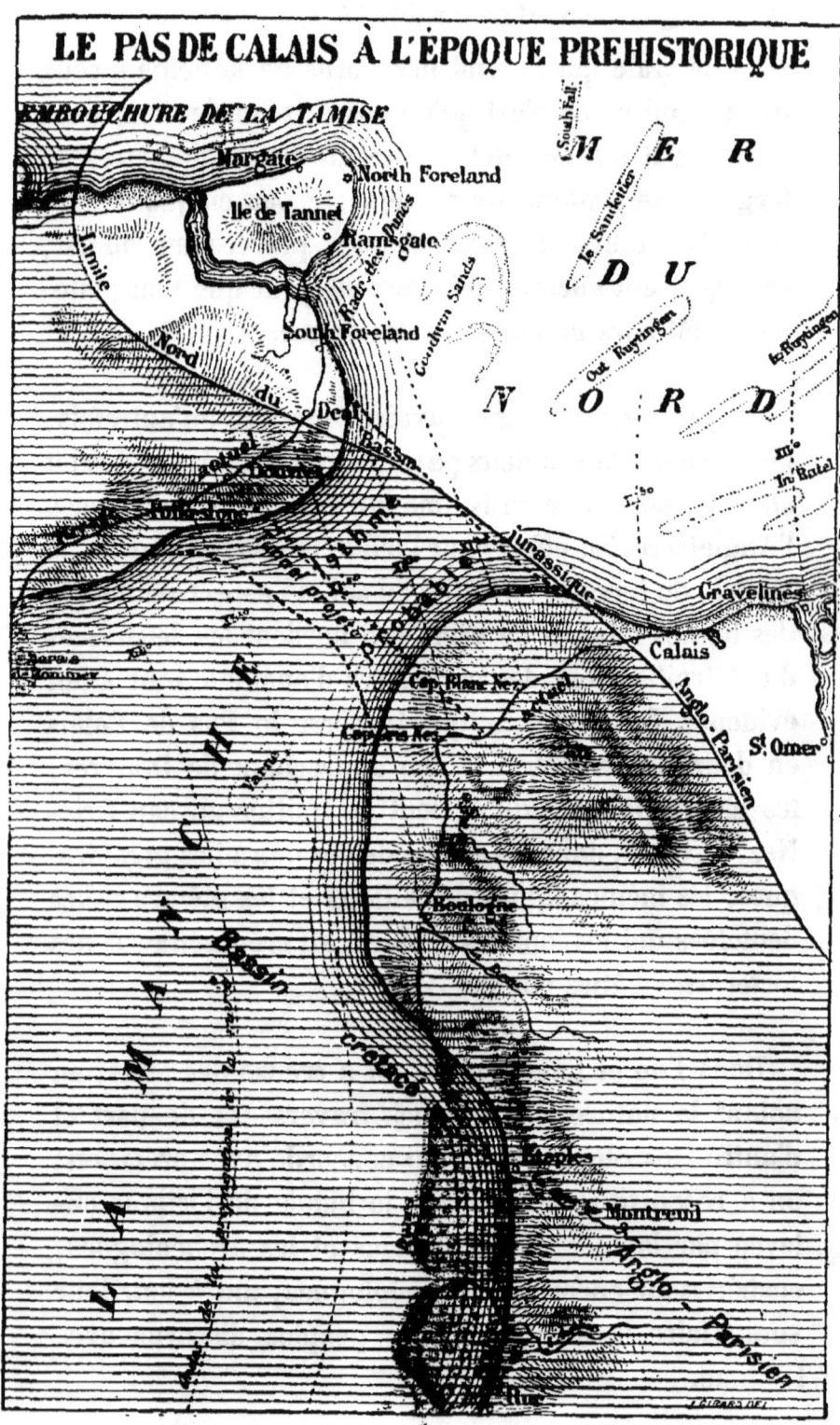

Cette particularité du détroit a suggéré l'idée de creuser un tunnel sous-marin entre la France et l'Angleterre, et d'éviter ainsi à plus de six cent mille personnes, qui traversent tous les ans le Pas de Calais, les contrariétés de la navigation. Deux opinions se trouvèrent en présence : d'un côté, on regardait le détroit comme ayant été ouvert par l'impétuosité des courants et des flots, comme une vallée d'érosion ; de l'autre, on le considérait comme un pli naturel ou comme un affaissement du sol ; en tout cas, si les couches de craie conservaient leur majestueuse épaisseur sous la mer, le tunnel pouvait être creusé facilement dans une masse homogène et compacte.

En 1875, on entreprit une série de sondages entre les deux côtes ; six mille deux cents coups de sonde, exécutés sur des lignes parallèles ne dépassant pas trois cents mètres d'écartement, ont permis de recueillir des échantillons du sol sous-marin. Une lance à barbe s'y enfonçant à un mètre au moins les ramenait à la surface ; catalogués, étudiés, ils ont servi à confirmer l'opinion que les puissantes assises de craie qu'on voyait de part et d'autre se continuaient régulièrement en s'infléchissant vers la mer du Nord.

Le tracé du terrain fut si bien relevé, sa topographie si bien étudiée, qu'on eut même les éléments nécessaires pour reconstituer l'ancien isthme qui réunissait les deux pays ; on avait ainsi démontré avec les preuves en main ce qui, quelques années auparavant, n'était encore qu'une supposition. Des deux côtés du détroit, on commença à creuser ce tunnel qui devait être l'expression la plus haute de la science moderne ; on fit usage de la machine perforatrice du colonel Beaumont, spécialement construite pour travailler dans la craie et creuser le tunnel d'essai à petite section avec une vitesse de cent mètres par jour.

Mais l'opinion publique en Angleterre, craignant de voir le tunnel compromettre l'industrie des transports maritimes, s'émut : la vieille Angleterre avait peur de voir les armées continentales déboucher un jour, pour l'envahir, par ce trou de huit ou dix mètres de large !

Depuis deux ans les travaux sont suspendus.

Cette étude approfondie de l'étroit bras de mer a permis d'en dresser des reliefs géologiques expressifs. Si l'on supposait, en effet, que la mer se retire, on verrait se continuer d'une rive à l'autre les larges bandes suivant lesquelles le fond a été coupé en biseau par la violence des flots ; comme ces bandes sont continues, les couches le sont pareillement, et les étages du massif de craie ne sont pas disloqués ; ils ont été simplement déprimés, dans un de ces mouvements brusques ou lents de la surface de la terre.

De plus, le jeu capricieux des marées a profondément bouleversé ces côtes ; la marée ne se présente pas régulièrement dans le détroit, comme un courant provenant de la grande pulsation de l'Atlantique. La mer du Nord monte avec un courant de flux du nord-ouest, tandis que la Manche monte avec un courant venant du sud. Il y a donc deux grandes ondes liquides en présence à un moment donné, toutes les vingt-quatre heures. La marée met huit heures et quelques minutes à franchir la distance entre Brest et Dunkerque ; ce retard est causé par la forme d'entonnoir de la Manche ; mais, au large, la propagation des ondes de marée ne connaît pas d'obstacle. L'onde se divise lorsqu'elle rencontre les îles Britanniques, contourne l'Irlande et l'Écosse, se propage dans la mer du Nord et vient rencontrer la marée qui a passé par la Manche sur les côtes de Hollande. Il résulte de ces mouvements inverses de marée que l'heure de la pleine mer est la même à Dunkerque qu'à Fraserbourg, au nord de l'Écosse.

Cet énorme conflit des courants a eu un autre résultat, celui de bouleverser cette partie des côtes ; les assises de craie du détroit ont été d'abord sapées à leur base, puis émiettées par les eaux ; les courants ont transporté au loin les matières légères, ont étalé les sables par un mouvement ondoyant jusqu'aux côtes de la Hollande, où il faut maintenant aller chercher les derniers débris des limites actuelles de notre territoire.

Sur la côte anglaise, les changements ont été encore plus marqués : le rivage de Norfolk et celui de Suffolk furent peu à peu emportés ; au quatorzième siècle, Beccles était un port fréquenté par les navires à fort tirant d'eau ; relégué aujourd'hui à quatre kilomètres dans l'intérieur des terres, il a été remplacé par Lowestoft. La ville romaine de Regulbium, plus tard capitale d'un royaume saxon, aujourd'hui Reculvers, a conservé son ancienne église, que l'on aperçoit à l'ouest de Margate, protégée contre les vagues par une robuste muraille; elle serait depuis longtemps détruite sans cette précaution. Et cependant Regulbium fut bâti loin de la mer.

La mer a donc opéré ces déblais par la force des vagues, ses robustes esclaves; elle est venue sous des murs construits loin de ses atteintes, et a transporté tout les débris provenant de cette étonnante destruction devant un port naturel, qu'elle a fermé avec les terres qu'elle arrachait aux côtes voisines.

L'estuaire de la Tamise, la grande voie qui mène au port de Londres, le premier port du monde, est parsemé de bancs mobiles; en comparant les cartes du commencement de ce siècle avec l'état actuel de ces bancs, on voit qu'ils ont changé de position. Cette entrée de la Manche paraît avoir subi bien des vicissitudes; ainsi les eaux se dirigeaient primitivement vers le sud, par des branches de l'estuaire qui n'existent plus aujourd'hui qu'à l'état de petits ruisseaux. Ces anciens canaux ont été remblayés avec les apports des sables arrachés à d'autres terres.

Tous les terrains qui avoisinent l'embouchure de la petite rivière de la Medway, les marais de Plumstead, d'Erith, de Tilbury, se trouvent au-dessous du niveau des hautes marées, de telle façon que, si les digues qui les protègent venaient à se rompre, la mer inonderait toute l'immense plaine qui s'étend jusqu'à Londres.

D'après les anciens historiens, le banc de sable de Goodwin, situé à l'entrée de la Tamise, près la rade des Dunes, ne serait que le dernier fragment d'un lambeau de terre détaché du comté de ce nom ; rongé successivement par la mer, il aurait été emporté enfin dans une violente marée de l'an 1096, dont la tradition est conservée dans le pays. Tel est, en Angleterre, le respect des anciennes propriétés seigneuriales, que le nom du domaine a subsisté après que les ruines même en ont disparu.

Les changements ont été d'autant plus rapides que les rivages sont peu élevés au-dessus des eaux.

Le voyageur qui, pénétrant dans l'embouchure de la Tamise, interroge l'horizon, n'aperçoit pas les côtes du pays où il doit aborder ; au loin la terre et la mer se confondraient, si quelques clochers ou quelques bouquets d'arbres ne surgissaient pour permettre au navigateur de reconnaître sa position au milieu de ces bancs dangereux. Il n'aperçoit que des balises ou des feux flottants, dont les alignements n'offrent qu'un secret impénétrable aux yeux du simple touriste. Cette eau limoneuse, d'où émergent quelques brisants éloignés indiquant la dangereuse présence d'un banc, serait bien monotone, si l'on ne croisait à chaque instant des navires sortant du port de Londres ou arrivant des contrées lointaines, avec leur chargement de denrées précieuses.

Cette nappe d'eau grisâtre recouvre d'anciennes forêts,

submergées par un de ces cataclysmes dont la nature garde le secret. Londres même est bâtie sur une ancienne forêt, au milieu de marécages habités jadis par des animaux antédiluviens; en 1880, en fondant des murs pour un nouveau bassin à Woolwich, on a rencontré dans les couches de tourbe des cornes de cerfs et des débris d'animaux, à côté d'un canot de vingt-sept pieds de long; en 1882, en creusant les fondations d'une maison de banque à Londres, près Charing Cross, on a mis à jour des ossements d'animaux dont les espèces ont disparu. C'est ainsi qu'au-dessus de ces reliques d'un passé sauvage, perdu dans la nuit des temps, se développent toutes les merveilles enfantées par la civilisation.

Les terres emportées par les flots se sont répandues insensiblement le long de la côte du Pas de Calais et de la Manche; chaque marée faisant tournoyer les sables, ils ont fini par combler les ports dont l'histoire du moyen âge fait mention; par exemple les *Cinq Ports,* institution défensive créée par Édouard le Confesseur. Ces cinq ports étaient Hastings, Sanwich, Douvres, Romney et Hythe; à cette époque ils offraient des abris sûrs et commodes, puisque, sous Henri VIII, le nombre des navires qui devaient s'y trouver en état de prendre la mer était fixé à cinquante-sept.

Aujourd'hui Hythe, Hastings, Romney, n'ont aucune issue vers la mer. Douvres n'est resté ouvert que grâce aux grands travaux entrepris pour assurer les communications avec le continent. On cultive le houblon à la place où jadis mouillaient les navires destinés à la défense du pays.

Les courants du nord ont reporté plus loin les matériaux qu'ils ne pouvaient plus déposer dans les anfractuosités du rivage ; ils les ont transportés jusqu'au point où, rencontrant les courants du sud, leur activité est neutralisée ; il en résulte un immense dépôt en forme de triangle dont la base est du côté du rivage et dont les deux côtés sont frôlés par les deux ondulations concurrentes.

Ce triangle est le marais de New-Romney, terrain bas et marécageux, ayant plusieurs centaines d'hectares de superficie, composé d'une terre grasse, fine, douce et féconde, mélangée de plus ou moins de sable ; une digue de plus de cinq kilomètres de long le défend contre les fortes marées. Ce marais n'est en réalité qu'un sol formé par la désagrégation des falaises, et que les mouvements de la mer ont peu à peu constitué. C'est un présent que font les flots au comté de Kent, en compensation des destructions qu'ils ont opérées dans le comté de Surrey.

II

L'ANCIEN PAYS DES MORINS

Depuis le pied des dernières collines qui forment le plateau ondulé du Boulonnais jusqu'à l'extrémité du Jutland s'étend une plaine immense, située au niveau de la mer : les Pays-Bas. Cette plaine n'est séparée de la mer que par un long cordon de dunes, coupé de distance en distance pour laisser écouler à marée basse les eaux provenant de l'intérieur. Car le sol n'est même pas au niveau de la mer ; il est encore plus bas : singulier phénomène sur lequel épiloguent depuis longtemps les géographes, qui n'ont pu trouver la solution de cet étrange problème.

Cet ancien pays des Morins, aujourd'hui la Flandre française, s'étend à perte de vue, sans autre limite que l'horizon lointain de la mer avec laquelle la terre se confond ; de loin en loin quelque clocher élevé, paraissant surgir du fond des eaux, indique l'existence d'une ville, qu'on devine plutôt qu'on ne la voit; quelques alignements d'arbres à la perspective fuyante accusent le tracé d'un canal ou d'une route. On cherche en vain ici une ondulation du sol ou des coteaux dont la silhouette s'estomperait en bleu pâle au fond du tableau sans limite.

A l'époque où les Gaulois étaient encore loin de la civilisation, cette étendue était couverte par les eaux de la mer, qui, poussées par le vent du large, pénétraient par les issues ouvertes pendant les coups de vent d'équinoxe. Les marécages ainsi formés disparurent insensiblement, soit par suite d'un exhaussement lent du sol, soit par suite des digues naturelles que la mer élevait suivant ses caprices. Les eaux de l'intérieur, ne pouvant s'écouler à travers le cordon de dunes, s'épanchèrent sur ces plaines au sous-sol imperméable. Elles se transformèrent en marais ou *moëres*[1], jusqu'à ce que la main de l'homme, leur ouvrant une issue par des canaux réguliers, opérât le desséchement du pays tel que nous le voyons actuellement.

Ces métamorphoses et les alternances des inondations ont laissé leurs empreintes dans le sol, sous forme de couches d'eau douce et d'eau salée. Quand la mer le recouvrait, ses eaux déposaient une couche de fine argile marine; quand, au contraire, les eaux douces se substituaient à la mer, un lit de tourbe se formait insensiblement par la végétation des marécages.

1. Nappes d'eau stagnante parsemées de roseaux.

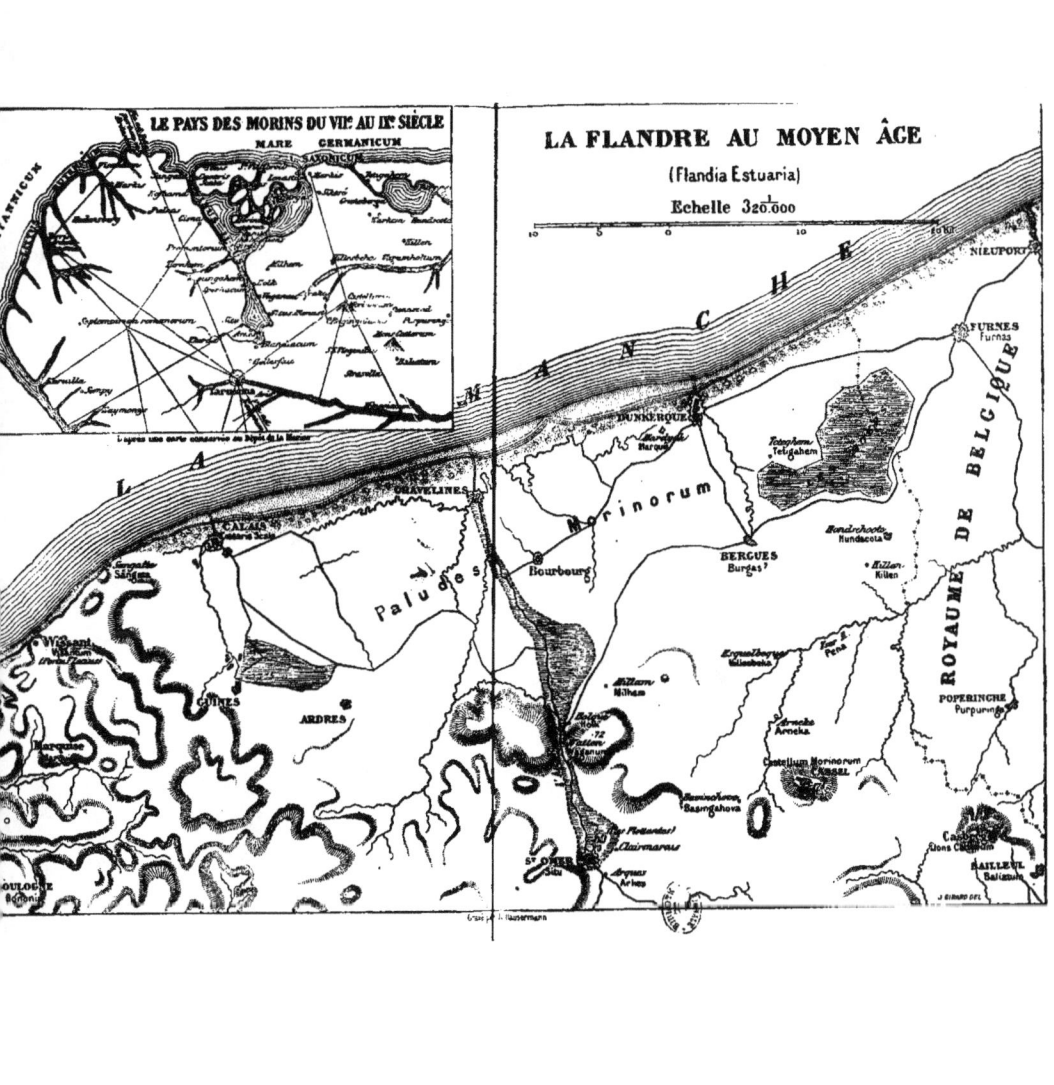

Les fouilles ont ainsi mis en évidence l'histoire même du territoire des Pays-Bas ; et l'épaisseur plus ou moins forte des différentes couches de tourbe ou d'argile fournit une indication sur la durée de ces phénomènes.

Au milieu de ces marais habitaient les Morins, qui, à l'époque de la domination romaine, formaient une population à part. Au premier et au second siècle de notre ère, ils bâtirent leurs villages sur les parties desséchées de leur territoire : car on a découvert dans le sous-sol des débris de tuiles et de poteries enfouies dans la tourbe, et dans leur voisinage des médailles de Marc-Aurèle et de Posthume.

Les Morins joignirent leurs efforts à ceux des forces naturelles. Pour s'assurer la possession des terres où ils avaient bâti leurs premières demeures, pour protéger leur sol contre les empiétements de la mer et mettre leurs pâturages à l'abri, ils élevèrent des digues avec des fascines remplies de terre, comme on le fait encore aujourd'hui en Hollande, avec des saules cultivés uniquement dans ce but. Ils mirent leurs huttes hors des atteintes des inondations en créant ces monticules qu'on rencontre encore dans toute la Flandre, où ils sont connus sous le nom de *weeraen* ou *terpen*. En creusant la terre on y a reconnu, à travers des couches successives de déchets, des objets remontant à l'âge de bronze ou de pierre et même, assure-t-on, des antiquités carthaginoises.

Bergues, Walten, Saint-Omer et d'autres villes de

la Flandre ont eu pour noyau primitif ces terpens. L'accroissement de la population et l'assainissement du pays les agrandissaient naturellement peu à peu. La Flandre n'était donc pas déserte dans les temps anciens; les centres de peuplement se sont perpétués jusqu'à nos jours, à travers toutes les vicissitudes du temps et grâce à la succession de générations laborieuses.

Sur une carte du septième siècle on retrouve tous ces noyaux de population, et on peut établir la concordance avec les noms de pays actuels. Thérouanne (*Taraanna*) était un des principaux centres; toutes les routes y aboutissaient comme à un chef-lieu. Le *Castellum Morinorum*, la forteresse des Morins, aujourd'hui Cassel, était la ville guerrière dominant ces vastes plaines et haute de cent soixante-quinze mètres. Une peuplade voisine, amie ou ennemie, avait aussi établi ses retranchements sur la montagne de Casberg, désignée dans l'antiquité sous le nom de *Mons Cattorum*. A l'est de Thérouanne, la *Septemvirum romanorum* paraît avoir joui aussi d'une certaine importance, si l'on en juge d'après les routes qui y aboutissent de tous côtés.

Beaucoup de villages s'étaient groupés sur les rives d'un estuaire, le *Sinus Itius*, port naturel peu profond, transformé plus tard en marécage. Au moyen âge, les barques de pêche pouvaient encore y entrer. La géographie peu exacte de l'époque laisse subsister des doutes sur la position véritable du Sinus Itius, ce nom étant assigné à cinq ou six ports différents; certains commentateurs veulent que ç'ait été la baie au fond de laquelle se trouve Saint-Omer.

Au milieu était la petite île des Morins, *Morini parva insula*. Leur ville principale paraît avoir été Mardick, qui jouissait encore d'une certaine importance en 436. Gravelines n'était en 800 qu'un village insignifiant, placé sous la juridiction de la corporation des Forestiers. Dunkerque fut fondée, vers 690, par saint Éloi, qui bâtit l'église des Dunes (*Dun*, dune, *Kirk*, église), noyau primitif de la ville flamande. Au milieu du neuvième siècle, Charles le Chauve laissa la Morinie ouverte aux incursions des Normands, qui la ruinèrent en partie.

La destruction du village de Saint-Willebrod date de cette époque.

Au fur et à mesure de l'accroissement de la population, les habitants cherchèrent à conquérir de nouvelles terres pour subvenir à leurs besoins; les travaux d'endiguement et le percement des canaux prirent un nouvel essor. Voisins des Hollandais, ayant une situation géographique identique, ils leur empruntèrent leurs procédés de conquête du sol sur les eaux. Les premiers essais d'endiguement remontent au dixième siècle. Il fallait profiter de pentes insensibles pour conduire à la mer ces eaux calmes, mais toujours menaçantes.

Les parties basses demeurèrent longtemps à l'état de moëres (en tudesque : *mor*, marais ; *moor*, en anglais). Aux fortes marées la mer faisait irruption et détruisait le travail de plusieurs années; une faible élévation du niveau des parties basses des canaux, un simple vent agissant contre le faible courant de leurs eaux, suffisaient pour laisser la nappe liquide reprendre son ancien domaine et anéantir les cultures.

Les moëres occupaient le triangle compris entre Furnes, Dunkerque et Bergues. Elles figurent sur les cartes anciennes accompagnées de fossés d'écoulement qu'on voit du côté de la mer, dans le même état aujourd'hui qu'alors, et d'un autre exutoire vers le petit ruisseau de la Péna. Les luttes des générations successives de paludiers, pour la conservation de ces tourbières envahies par les eaux de l'intérieur, sont attestées par les profonds sillons dont la trace s'y voit encore.

Les guerres faisant le vide parmi les hommes valides, les inondations vinrent à plusieurs reprises recouvrir les terres assainies; elles retardèrent de plusieurs siècles l'achèvement de la canalisation, qui ne fut définitivement régularisée qu'en 1826. Aujourd'hui, des règlements protecteurs assurent son fonctionnement.

Le Sinus Itius, cet ancien « golfe de mer », a été entièrement desséché, parce qu'au lieu d'être placé dans une dépression comme les moëres, il occupait le fond d'une vallée où coulent insensiblement les eaux de l'Aa. Mais, pendant le moyen âge, ces terres ont été couvertes par des submersions répétées; des chartes de 1340 mentionnent que, lorsqu'on les donnait à « cens et à rente », on spécifiait que le contrat serait nul si la mer venait couvrir la terre. Les anciennes chroniques contiennent des souvenirs nombreux d'irruption subite des eaux.

La tradition laisse croire que les petites barques pouvaient remonter depuis la mer jusqu'à *Situ* (Saint-Omer); elles suivaient alors un chenal qui ne serait autre que le cours de l'Aa régularisé. On retrouve, en compulsant les chartes du moyen âge, des descriptions détaillées de quelques marécages des environs de Saint-Omer.

Citons celle des « îles flottantes », ou portions de terre portant des arbres et même des cultures, qui pouvaient se mouvoir sous l'impulsion du vent ou les efforts réunis des hommes. Ces îles flottantes se sont conservées jusqu'au commencement du siècle. A l'est de Haut-Pont, près du village de Clairmarais, il existait, dans les étangs du « trou d'Enfer » et dans celui de la Grande-Mer, des vestiges de ces îles curieuses, dont la dernière s'est effondrée en 1840.

Ces îles avaient eu pour origine des amas de branches d'arbres et de roseaux, sur lesquels la végétation s'était développée lentement. Elles ont été formées comme celles qui descendent les grands fleuves d'Amérique : les débris de branches, de roseaux et d'herbes de marécages, réunis sous les efforts du courant, forment un noyau de terre propre à la végétation, qui s'en empare bien vite et les fait ressembler à des lambeaux détachés du continent.

On a découvert en 1881, au petit Rommelaërt, près Saint-Omer, des fragments d'un chêne de vingt mètres de long, dur comme la pierre et noir comme l'ébène, gisant à six mètres de profondeur. Or cet endroit était, il y a moins d'un siècle, une prairie. C'était jadis un étang, sur lequel se trouvaient des îles flottantes. Aujourd'hui, la prairie est de nouveau remplacée par un étang.

Au delà du chenal qui conduisait autrefois à Saint-Omer, les eaux s'épanchaient librement au milieu de végétations marécageuses. Il en résulta une terrible épidémie en 1349; le chenal pratiqué en 1158, sans moyens artificiels de chasses, s'était envasé par incurie et devenait insuffisant à l'écoulement. Sous la domination espagnole, les épidémies se renouvelèrent, ravageant tout le pays compris entre Saint-Omer et Gravelines.

En 1636, on se décida à ouvrir, près de cette dernière ville, un chenal disposé de façon que les eaux de l'Aa pussent s'écouler à marée basse. L'eau croupissait dans les fossés de Gravelines, ville si malsaine qu'elle était considérée comme le cimetière des garnisons qui y étaient envoyées. En 1658, le roi Louis XIV, s'y étant rendu pour stimuler le courage des soldats qui en faisaient le siège sous la conduite de Turenne, y éprouva, après un court séjour, un violent accès de fièvre.

L'exécution du canal de Gravelines date de cette époque ; achevé en 1740, il fut abandonné aussitôt après, et les épidémies vinrent de nouveau ravager le pays. Le système de l'ingénieur Belidor avait eu pour base la transformation des fossés de la citadelle en un réservoir, ou bassin de chasse. Ce système, adopté au moment des grands travaux entrepris au commencement du siècle, a été conservé par les ingénieurs qui terminèrent ces aménagements en 1861.

La rivière Aa est actuellement le cours d'eau le plus important de la Flandre française ; elle est canalisée, endiguée, rectifiée et entretenue par l'administration. Sa largeur est de dix-huit mètres, et sa profondeur moyenne de deux mètres, dans le trajet de Gravelines à Saint-Omer ; aussi est-elle navigable pour les bateaux de deux cents tonneaux. Elle reçoit le petit ruisseau de Moulle ; la basse Mardick, bras qui s'en détache à Arques, coule à travers d'anciens marais submergés au moyen âge ; le système de drainage aujourd'hui régulièrement constitué y conduit les eaux par d'innombrables *wattergands,* ou rigoles d'écoulement secondaires.

L'Aa se jette dans la mer à Gravelines, après avoir traversé un système d'écluses spéciales qui permettent de déverser les eaux à marée basse. Dirigée par la main de l'homme, emprisonnée entre des murs solides, l'eau qui s'épanchait jadis sur ces marais s'écoule aujourd'hui dans la mer, par les soins de l'État. Dans les tempêtes, la mer ferait irruption et démolirait tous ces travaux, si les précautions n'étaient pas prises autant contre la violence des vagues que contre les sables qu'elles apportent.

Cette vaste région uniforme de la Flandre, depuis les dunes jusqu'aux collines qui bordent l'Yser, sur une superficie de quarante mille hectares, est le *pays des watteringhes*. Il doit son nom aux watteringhes, ou wattergands, terme local appliqué aux canaux endigués destinés à assécher le sol, et qui donnent au pays l'aspect d'un immense damier. Ils sont régis par des syndicats qui, comme en Hollande, pourvoient au fonctionnement régulier de cet inextricable réseau de canaux grands et petits.

Sans la régularité dans les manœuvres des écluses, sans le nettoyage des rigoles qu'encombrent parfois les plantes aquatiques, le terrain conquis sur la mer serait de nouveau inondé. Cette catastrophe aurait pour effet de ruiner des milliers de cultivateurs.

Les sept dixièmes des eaux de la région occidentale arrivent par les canaux de ceinture dans le canal de Bergues, qui se déverse à Dunkerque, à l'écluse du Pont-Rouge. Les niveaux sont régulièrement établis au moyen du jeu des écluses. Si la quantité d'eau dépassait une certaine limite, le drainage ne se ferait plus; si, au contraire, elle diminuait trop, la navigation serait impossible dans les canaux.

Tout a donc été combiné, dans le pays des watteringhes, pour régler le régime des eaux, les ménager pendant la sécheresse, les faire déverser rapidement en hiver et défendre les ouvertures nécessaires à l'écoulement à marée basse contre les élévations excessives de la mer.

La Flandre n'est donc pas un pays donné par la nature, comme tant d'autres; le sol a été conquis par le travail, et il ne reste assuré à la culture que par suite d'une sage organisation. Les Flamands, eux aussi, à l'imitation des Hollandais, leurs devanciers et leurs maîtres en dessèchements, peuvent prendre cette fière devise : « *Luctor, et emergo.* » (Je lutte, et je sors de l'eau.)

III

LE MARQUENTERRE

A partir de Calais, des collines ondulées remplacent .es monotones plaines de la Flandre. Les vallons boisés et les gracieux plis de terrain du Boulonnais se prolongent jusqu'au bord de la mer. Tandis que les lames se déploient longuement sur les immenses plages des Pays-Bas, elles ne s'arrêtent ici qu'au pied même de la falaise ; et, en lui livrant de perpétuels assauts, elles ont entamé le plateau.

Au milieu de ces hautes découpures se dresse le cap Blanc-Nez (*Black Ness,* cap noir), dont l'étymologie est prise à contresens. C'est le point le plus élevé de toutes nos côtes, sa hauteur atteignant cent trente-quatre mètres; il semble placé en vedette à l'extrémité du territoire, comme un rostre de navire, indiquant les bancs dangereux de ces parages.

A côté, dans un pli des collines, on découvre le petit port de Sangatte (en anglais : *sand,* sable, *gate,* porte) ; il a joué un rôle important au moment de la conquête des Gaules, sous le nom de *Portus Ulterior,* dénomination prodiguée à plusieurs ports de cette côte et sur laquelle les archéologues ne sont pas d'accord. Mais, quel qu'ait été son nom, l'anfractuosité aujourd'hui comblée par les sables offrait un abri bien avantageux, sur une côte si inhospitalière. On a découvert dans le voisinage de Sangatte des traces d'une plage surélevée, témoignage manifeste du niveau élevé qu'atteignait autrefois la mer. Les vestiges recueillis sur cette ancienne grève indiquent qu'à l'époque de l'isthme de Calais, les flots, qui n'atteignent que le bas des falaises, s'élevaient jusqu'à cette hauteur.

Depuis Sangatte jusqu'au cap Gris-Nez (*Craig Ness,* cap de rochers), les contreforts du plateau crayeux du Boulonnais s'infléchissent jusqu'au niveau de la mer, pour former le petit vallon où est situé Wissant, le *Portus Iccius* de la Gaule romaine. Cette crique, qui a partagé le sort de la précédente, est perdue sous le linceul des sables amenés par les courants et dispersés par la fureur des vents d'ouest.

Dans ce modeste havre s'abritaient cependant les flottes romaines qui transportèrent les légions de Jules César quand il fit la conquête de l'Angleterre. Nous retrouvons encore son nom dans les chroniques du moyen âge, amoindri cependant comme le port le fut lui-même par les caprices de la mer. Enfin, à partir du

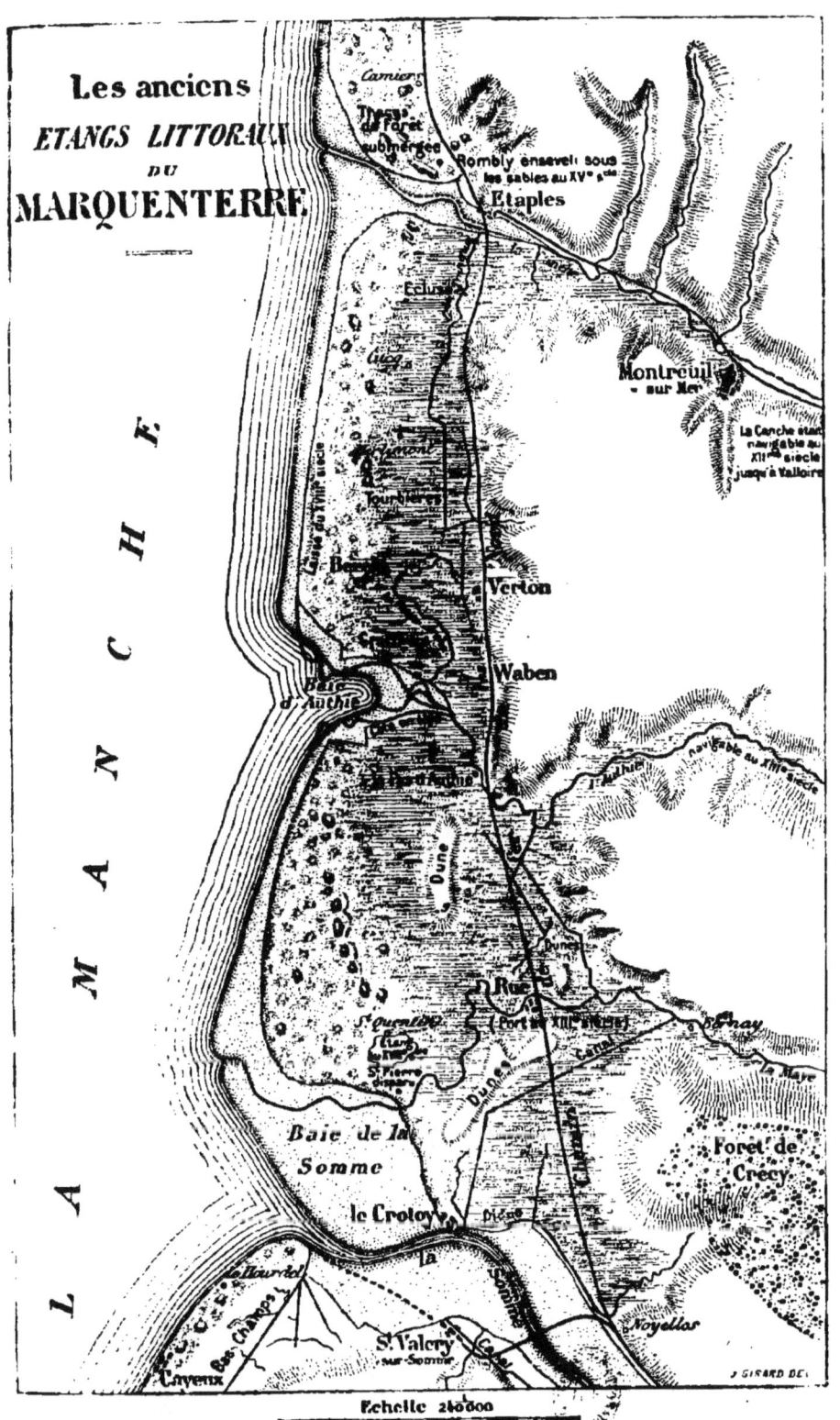

quinzième siècle, son souvenir disparaît, et il ne reste plus à sa place, aujourd'hui, qu'une anse où les canots des pauvres pêcheurs remplacent les galères romaines.

Ici, la topographie rétrospective vient encore au secours de l'histoire pour permettre la restauration de l'état ancien. En examinant la configuration de ce site, on reconnaît les traces d'un port naturel ; les collines auxquelles le village est adossé forment une petite vallée dont le fond est occupé par une prairie où serpente le ruisseau d'Herlen. En creusant le sol, on a reconnu l'existence de dépôts successifs de coquillages apportés par la mer, alternant avec des zones de sable compactes.

Les vents, qui font rage aux équinoxes, ont complété l'œuvre des hautes lames. La tradition locale rapporte qu'au commencement du siècle, près du ruisseau d'Herlen, on voyait des vestiges d'un mur de quai ; des fouilles faites en 1855 ont confirmé l'existence d'anciennes constructions. Il existe aussi au sud de Wissant une maison à moitié perdue dans les sables, qui était connue, il y a deux siècles, sous le nom de « maison du phare ».

Aucun obstacle ne retient le mouvement des sables des dunes qui menacent le village à droite et à gauche. Au commencement du siècle, il existait des plantations de *hoyats* (roseaux de dunes) qui périrent soit par malveillance, soit naturellement. Les dunes n'étant plus fixées par la végétation, les vents ne tardèrent pas à entamer leur surface dépourvue de ce feutrage particulier que forment les racines des plantes. Les habitants reportèrent leurs maisons en arrière des dunes, pensant échapper ainsi à l'invasion du sable ; mais, comme elles se trouvaient sous le vent d'ouest, elles furent ensevelies. On cite encore la date néfaste du 4 mars 1777, où une partie du village fut recouverte en quelques heures ; des maisons disparurent sous le poids du sable amassé, et leurs habitants ne durent leur salut qu'à

Coquillages microscopiques recueillis dans le sable des plages, grossis 80 fois.

la fuite et en abandonnant tout leur mobilier au fléau dévastateur.

Entre la base des collines coupées par la mer, les vallonnements offrent de vastes plages, dont la largeur rappelle celles de la Flandre, où la mer parcourt l'espace d'un kilomètre entre les limites ordinaires du flux et du reflux. Il en résulte qu'aux marées d'équinoxe la mer se retire à une grande distance ; à ce moment, on peut voir au point extrême du retrait des fragments d'arbres fossiles, restes probables d'une forêt submergée ; on a même remarqué qu'ils sont disposés avec une certaine régularité, comme si ces représentants d'une époque inconnue avaient été placés là avec ordre par la main d'hommes contemporains des anciens Celtes. On a fait cette remarque sur plusieurs points de la côte : devant le hameau de Strouanne, point terminal d'un groupe de dunes ; dans les marais de Tardinghem, bas-fond obstrué par les sables amoncelés ; enfin sur plusieurs points isolés des plages dont nous parlons.

Grains de sable vus au microscope, grossis 60 fois.

Des forêts ainsi submergées ont été découvertes en beaucoup d'endroits du littoral de la Manche ; tantôt les arbres apparaissent pourvus de leurs branches, tantôt leur racine seule est engravée dans le sable ; les bois, noircis et corrodés par le séjour prolongé dans l'eau salée, conservent encore des caractères assez distinctifs pour qu'on puisse déterminer leur essence ; ils appartenaient pour la plupart à la famille des chênes.

Tous les petits ports de cette côte blottis dans des plis du rivage ont eu le même sort. Ambleteuse (*Por-*

tus Citerior [?]), désigné sous le nom de port par les Romains, n'est plus qu'un modeste havre rempli par la mer pendant deux heures à chaque marée montante, et où s'abritent les humbles barques des pêcheurs.

Ambleteuse avait eu cependant une certaine notoriété au moment des expéditions des Romains contre l'Angleterre ; au lieu des canots désemparés d'aujourd'hui, des galères à plusieurs rangs de rameurs se balançaient sur ses eaux profondes. Le port se trouvait à la place du vallon du Slack, dont le fond peu élevé indique un ancien estuaire pénétrant au milieu des collines environnantes.

Les sables qui ont enseveli les villages exposés aux fureurs des vents ont arrêté l'écoulement des ruisseaux du Slack et de Bazinghem ; un marécage a remplacé le port dans le vallon du Slack. Au siècle dernier, on a asséché ce fond en construisant un canal éclusé, qui déverse les eaux stagnantes dans le havre d'Ambleteuse, où elles sont utilisées pour expulser les vases.

La ville de Boulogne, plus que toutes ces petites criques, a laissé un souvenir longtemps vivace ; elle le doit à sa situation sur l'embouchure même de la Liane, qui servait de port où les flottes étaient protégées contre les incursions ennemies et les vents par les hauteurs environnantes. Connue des Romains sous le nom de *Bononia* ou *Gerosiacum navale*, ce port était considéré comme une des positions stratégiques importantes de ces côtes inhospitalières.

Grâce au faible courant de la Liane et encore plus à celui de son estuaire allongé, le port s'est moins envasé que ceux de la côte voisine. Cependant, avant les travaux d'amélioration exécutés au siècle dernier, il était devenu impraticable et ne pouvait plus assurer les communications avec l'Angleterre. La profondeur du bassin ne devait pas dépasser celle du barrage de la retenue située derrière l'avant-port et faisant actuellement fonction de bassin de chasse. Des documents du moyen âge indiquent que le milieu de l'estuaire était intercepté par une île basse, occupant la place où nous voyons aujourd'hui le bassin à flot.

Insuffisant pour les communications régulières avec l'Angleterre, Boulogne est en ce moment l'objet de grands travaux qui permettront d'entrer et de sortir à toute heure de la marée.

A l'embouchure de la Canche, la physionomie de la côte change ; le plateau ondulé du Boulonnais est séparé du rivage par une vaste plaine rappelant en partie la Flandre, quoique moins étendue. Cette plaine est, comme ce pays, une conquête sur la mer, d'où son nom : *Marquenterre* (mer en terre).

Formée par des alluvions successives, le Marquenterre est un exemple frappant du travail séculaire de la mer, qui a déposé les grains de sable en les ajoutant les uns aux autres depuis des temps que l'imagination hésite à déterminer.

Aux temps anciens, la mer baignait le pied des collines ; mais, à une époque postérieure, contemporaine peut-être de la rupture de l'isthme, le mouvement des flots acquit une plus grande violence, et ces plages peu inclinées servirent de lieu de décharge pour les matériaux arrachés aux falaises du Boulonnais au nord et à celles de la Normandie au sud.

La cause de la formation de ces amas considérables réside dans la façon dont se comportent les ondulations de la marée dans la Manche. Elles ne se propagent pas, ainsi qu'on pourrait le croire, directement vers le fond du golfe, mais, par une série d'effets compliqués, elles se présentent normalement à la côte de Marquenterre ; de sorte que l'heure de la marée est la même à Folkestone et à Dieppe, deux ports qui ne sont nullement situés en face l'un de l'autre. L'onde qui baigne les deux plages a la même hauteur, ou, en d'autres termes, l'établissement du port est le même.

Il résulte de cette particularité un plus grand déploiement de force de la vague qui se brise sur la côte française ; elle s'y précipite avec fracas, activée par les courants locaux que le vent d'ouest pousse sur ces plages. Ces deux agents de bouleversement ont élevé la chaîne des dunes entre la mer et les anciens marécages.

Car toute cette région avait à l'époque de la conquête des Gaules aussi bien la physionomie d'un marécage que celle d'un estuaire ; les eaux douces s'y mêlaient aux eaux salées qui avaient franchi les bourrelets de sable dans les grandes tempêtes.

Entre la baie de la Canche et celle de la Somme on retrouve encore toutes les traces de cet ancien étang littoral, où, d'après la tradition, les eaux de la Somme, retardées dans leur écoulement par des *barres* de sable, venaient aussi s'épancher librement. Le sol, à peine élevé de deux mètres au-dessus de la mer, a été desséché par la main des hommes, comme les Pays-Bas ; on a acquis ainsi vingt mille hectares à la culture.

Au neuvième siècle, le Marquenterre était encore recouvert par les eaux croupissantes où les rivières de la Canche, de l'Authie et de la Maye venaient se déverser. Sur quelques îles, émergeant à peine de la plaine liquide, s'élevèrent les huttes des premiers pionniers de la culture, en même temps que celles des pêcheurs ; plus tard, les habitants rattachèrent ces fragments de sol les uns aux autres par des digues.

Un système d'endiguement primitif permit bientôt aux rivières, gonflées à leurs embouchures, d'être navigables jusqu'à des points où maintenant elles ne sont plus que de petits ruisseaux. Si l'on se rapporte au cartulaire de l'abbaye de Valloires, abbaye dont plusieurs parties subsistent encore sur la rive gauche de la Canche, cette rivière aurait été navigable jusque sous ses murs. Le cartulaire contient deux chartes datées de 1203 et de 1210, par lesquelles Guillaume, comte de Ponthieu, accorde à cette abbaye des barques de pêche et des salines.

Les eaux de la Canche ne peuvent plus porter bateau ; et, chose plus étonnante, Montreuil, situé aujourd'hui à quinze kilomètres de la mer, fut autrefois un port. Le petit golfe formé par l'embouchure de la Canche fut obstrué par les sables que les courants ont toujours reporté vers le nord.

L'Authie aussi était navigable jusqu'à l'antique abbaye de Dommartin. La Maye permettait encore au treizième siècle aux navires de faible tonnage de remonter jusqu'à Rue. Avec le temps, la ville a perdu son port : les eaux se sont retirées devant les vases qu'elles avaient amenées ; les vagues qui venaient baigner ses murs sont actuellement à sept kilomètres. Au siècle dernier, les anciennes cartes indiquaient encore un vestige des étangs littoraux à l'emplacement actuel du village de Champ-du-Quesnoy.

Toute la partie du Marquenterre comprise entre l'Authie et la baie de la Somme porte encore gravés sur le sol des témoignages de l'avancement graduel des limites de la mer. Depuis la chaîne des dunes littorales jusqu'à la base des collines du plateau du Ponthieu, les marais sont parsemés d'éminences isolées dont la direction longitudinale est sensiblement parallèle à la direction de la côte. On retrouve même à côté de Saint-Firmin un hameau appelé la *Dune*.

Quelques-unes de ces éminences ont une hauteur de huit ou dix mètres au-dessus du sol des prairies ; leur disposition indique qu'elles formaient la limite de la côte, comme maintenant la chaîne littorale. Cette première série de hauteurs, en formant un obstacle à l'écoulement des eaux des rivières, a créé les marais.

Les travaux d'assèchement, exécutés pendant les siècles derniers, ont fermé l'accès aux hautes marées. En même temps augmentait le cordon de dunes, pareil à une digue puissante que la mer eût voulu édifier, comme pour affirmer qu'elle ne reprendrait plus son ancien domaine.

Le système de drainage employé là rappelle les watergands de la Flandre. Mais, entrepris sur une surface relativement restreinte, il se borne à deux exutoires principaux : les rigoles de la Grande-Tringue et de la Petite-Tringue. Ces rigoles recueillent les eaux à partir du village d'Airon et les conduisent à Villiers, près d'Étaples ; là, une vieille écluse du dix-septième siècle opère le déversement aux heures de marée basse.

Le sud du Marquenterre, composé de tourbières improductives, est asséché par un système de rigoles aboutissant au ruisseau sinueux de la Petite-Arche, qui recueille aussi les sources du fond d'Airon, et qui, grossi encore par les eaux des fossés des environs de Berck, se jette dans l'Authie, près de Groffliers.

Les transformations ont été rapides sur ce point :

car au quatorzième siècle le village du Pas-d'Authie figurait sur des cartes conservées aujourd'hui au Dépôt de la marine; il était situé beaucoup plus près du point où le ruisseau s'élargit pour se jeter dans un estuaire dont les contours varient chaque année suivant le caprice des flots. D'après ces données, il était situé à un kilomètre de sa position actuelle.

En une seule marée, cette côte est modifiée aux

Plage de Berck.

endroits où sont ces sables mobiles qu'un courant contrarié fait changer de place; si l'on voulait obtenir des cartes exactes, il faudrait remanier ces configurations chaque année.

La Maye a été soumise à des vicissitudes encore plus importantes que la Canche et l'Authie. A Bernay, elle commence une série de replis tortueux et de fantastiques méandres qui témoignent des luttes qu'elle a soutenues contre les obstructions de la haute mer; on retrouve, dans la forme contournée de ces méandres, les traces des contours d'anciennes lagunes, arrosées alternativement par les eaux douces et les eaux salées.

Les habitants, soucieux de conserver leurs pâturages, creusèrent, à travers des tourbières abandonnées, un canal direct depuis Bernay jusqu'aux grèves; ils placèrent à l'extrémité de ce canal une écluse ou « bonde », pour empêcher la mer de reprendre le domaine qu'on lui avait arraché par des siècles d'efforts.

Le point où finit aujourd'hui la lutte de la mer avec les eaux de l'intérieur est indiqué par une bande de dunes, qui n'est entrecoupée que par les estuaires de la Canche et de l'Authie. Le vent, qui jadis a formé ces monticules, les élève encore suivant le caprice des tempêtes.

Afin d'éviter qu'ils fussent découronnés dans ces moments où la rafale souffle avec fureur, on a planté des « hoyats », roseaux particuliers aux sables, dont les racines, s'enfonçant dans le sable, donnent de la cohésion à la surface des dunes et finissent par la transformer en une sorte d'humus végétal sur lequel les mousses et les herbes forment un tapis que le vent ne peut plus entamer.

Les dunes du Marquenterre s'étendent irrégulièrement sur une bande variant d'un à cinq kilomètres de large; leur hauteur est aussi variable que les caprices du vent qui les a formées. Plusieurs sommets atteignent cinquante mètres. Le plus élevé de tous est le Mont-Frieux, près de Neufchâtel, qui atteint cent cinquante-huit mètres d'altitude; c'est la dune la plus élevée de toutes les côtes de France.

En creusant ces sables on a retrouvé des traces d'anciennes forêts, qui devaient être assez abondantes, si l'on en juge d'après les vestiges subsistants. Celles que la mer a épargnées, les sables les ont recouvertes; elles avaient poussé sur les dernières pentes du plateau dont les flots ont détruit la base; alors les arbres ont été entraînés par la mer, qui les a ensevelis dans les plages anciennes. On a retiré dans ces dernières années, près de Camiers, des arbres qui semblent avoir été ainsi arrachés aux forêts de l'intérieur : leurs essences, qu'on a facilement pu établir, n'étaient pas de celles qui croissent dans les sables.

Ces débris d'un autre âge se trouvaient à l'endroit de la plage où le ruisseau des étangs de Camiers se jette dans la baie de la Canche. L'existence de cette forêt est confirmée par une ancienne carte du dix-septième siècle, où elle était figurée à côté du village de Rombly, enseveli pareillement sous les sables, sans avoir laissé aucune trace.

Des fouilles relativement récentes ont mis à jour, dans la baie de la Canche, près Étaples, l'ancien *Quentovicus* des Romains, des fragments d'arbres tellement nombreux, que l'État a mis en adjudication le droit d'extraire ces troncs fossiles que l'industrie trouve encore moyen d'utiliser, soit pour le chauffage, soit même pour certains travaux de tabletterie.

Le sol où ces arbres avaient poussé était donc plus élevé que la mer ; il aurait subi plus tard un affaissement, puis serait resté couvert par les alluvions jusqu'à ce que le hasard eût mis enfin à découvert ces curieux débris.

Aujourd'hui le chemin de fer de Paris à Boulogne traverse dans toute leur longueur les anciens marécages du Marquenterre ; les trains passent au-dessus des amas de débris végétaux et au milieu des prairies conquises par des générations mortes. Pendant que la vapeur l'entraîne dans ces plaines monotones et humides, si le voyageur jette un regard sur la droite, il verra de riantes collines, mais à gauche sa vue s'étendra au loin jusqu'à la ligne jaune des dunes, qu'on distingue à peine à l'horizon.

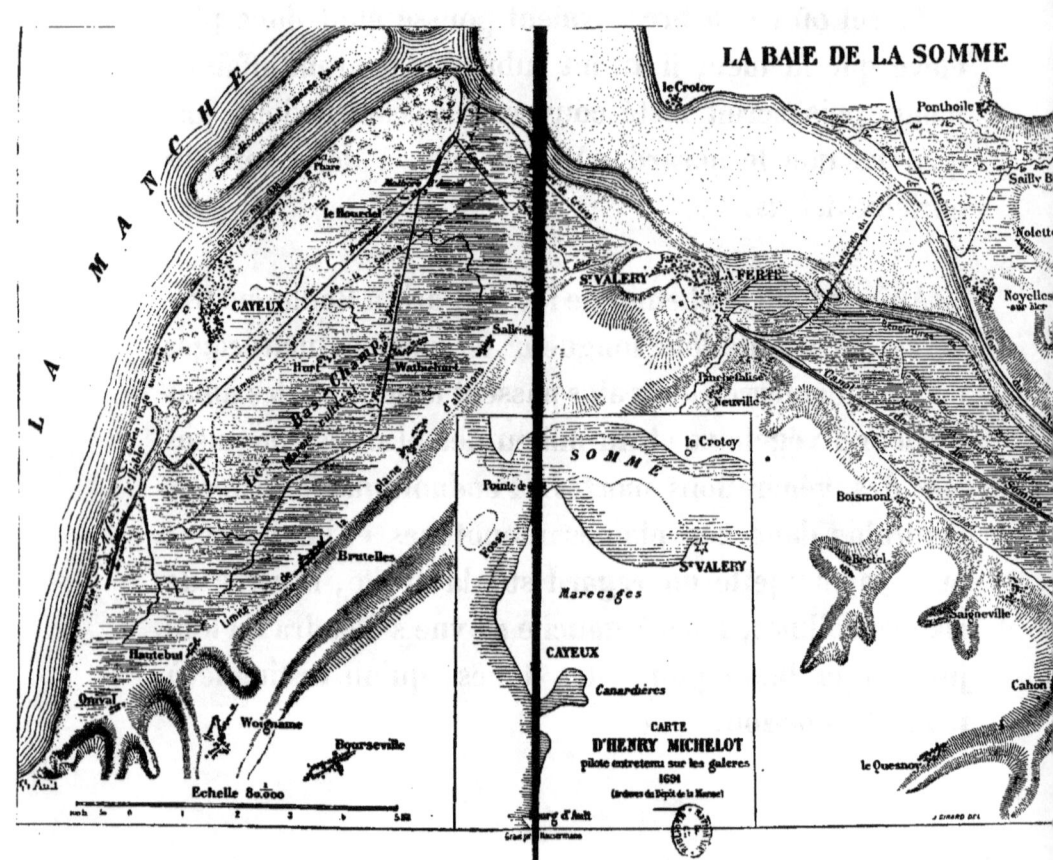

IV

LES GRÈVES DE LA SOMME

Quand la mer se retire, la baie de la Somme présente l'aspect d'une immense plaine de sables vasards d'une surface de dix mille hectares, où quelques minces filets d'eau serpentent en méandres plus ou moins étendus. Mais, au moment où la marée *refoule*, les eaux envahissent avec rapidité ces grèves dont elles venaient de s'éloigner à une distance de cinq ou six kilomètres.

Deux ports, situés en face l'un de l'autre, Saint-Valery et le Crotoy, sont là, séparés par trois kilomètres de sables d'un gris terne, qu'il serait imprudent de vouloir franchir à marée basse, sans le secours d'un guide. Il faut connaître les passages et bien distinguer le sol résistant, formé d'amas de galets, d'avec les fondrières où le sable recouvre la vase molle.

De ces deux ports, Saint-Valery est le seul où les navires de faible tonnage peuvent arriver, et encore avec bien des difficultés. Il faut s'assurer le concours d'un pilote expérimenté pour franchir les bancs dangereux de l'entrée de l'estuaire.

D'après de nombreux témoignages historiques et d'après ceux que le topographe retrouve dans le sol même des environs de la baie, on a pu conclure qu'au moment de la conquête des Gaules, elle était beaucoup plus étendue que de nos jours et qu'elle affectait un aspect tout différent de celui que nous lui voyons.

Les bancs qui *découvrent* à marée basse s'étendaient plus au nord ; ils remplaçaient même une partie des dunes que nous avons signalées antérieurement au milieu des prairies du Marquenterre. Ces bancs, qui s'accrurent avec le temps, devinrent autant d'îlots où se groupèrent les huttes des pêcheurs.

L'estuaire se combla, au nord, par l'apport continuel d'obstacles amoncelés par les marées. Les courants se reportèrent au sud, et alors de nouvelles complications, de ces remous bizarres qu'ils produisent à chaque marée, amenèrent de ce côté une configuration nouvelle de la côte.

A la pointe du Hourdel se dressait un cordon de dunes basses qui s'allongeait comme une flèche, à la place occupée maintenant par l'ouverture. Mais tout a été changé ; la mer s'est débarrassée de cet obstacle pour remanier la côte à sa guise.

Alors les marées, sollicitées par les ouvertures existant dans les étangs littoraux du Marquenterre, obligeaient les eaux de la Somme à se confondre avec celles de l'Authie. (C'est un phénomène qu'on remarque dans certains estuaires incessamment obstrués par la houle du large qui amoncelle des cordons de sable.) L'écoulement des eaux se faisait au nord et au sud de l'ouverture actuelle par des trouées dans la digue littorale.

Les vases se déposèrent dans la lagune même, tandis que les débris terreux, plus légers, parvenaient à s'écouler vers le large. Au point où deux courants contrariés abandonnaient dans leur lutte les particules qu'ils transportent, des bancs se formèrent, s'allongèrent, se soudèrent et finirent par faire une digue.

La Somme maritime avait une tout autre importance avant la période historique. La marée remontait plus loin qu'Abbeville, à travers un chenal moins envasé ; elle se propageait dans toute la vallée, confondant ses eaux avec celles des tourbières.

Rappelons à ce propos que quelques géologues ont regardé la découverte des coquilles de *Cardium* comme une preuve du séjour de la mer dans toute la vallée de la Somme jusqu'à Pont-Remy. En creusant les fondations de l'église de cette ville, il y a quinze ans, on a trouvé un banc épais de ce coquillage marin. On rencontre du reste, dans toute la vallée, des vestiges du passage de la mer.

Mabbranq, l'historien du Ponthieu, prétend même qu'à l'arrivée des Romains dans la Gaule, les barques pouvaient remonter la Somme depuis la mer jusqu'à Amiens.

Elles y remontent encore aujourd'hui, mais au moyen d'un système d'écluses et grâce à la canalisation de la rivière.

On a retrouvé, dans les archives de l'abbaye de Saint-Riquier, des documents d'après lesquels, selon le P. Ignace, la marée remontait dans le petit ruisseau du Scardon, près d'Abbeville. Pour empêcher les inondations, fréquentes aux marées de vive eau, d'intercepter le passage entre le couvent et la ferme de Bersacle qui en était une dépendance, on construisit un pont sur le Scardon.

Aujourd'hui, les marées n'atteignent plus cette hauteur et ne pénètrent même plus dans le ruisseau du Scardon, qu'elles ne dépassent pas.

En comparant le document précédent avec une ancienne charte de l'abbaye de Saint-Valery, on voit encore que le niveau des hautes mers a diminué d'une façon notable, non seulement dans ce ruisseau, mais aussi près des terres de l'autre rive, à Cambron. Une bulle de 1266 témoigne des fréquentes irruptions de la mer sur les terres de ce village, où l'abbaye avait probablement des cultures. Il est situé à douze kilomètres de Saint-Valery, et adossé aux pentes de la vallée; il est bâti en partie sur le sol d'alluvions.

A cette époque, la vallée sur toute sa largeur était envahie par le flot qui, aujourd'hui, ne suit qu'un étroit chenal, reporté tout entier sur la rive droite. Au treizième siècle, la marée permettait encore aux barques à fond plat d'arriver au moment du flot jusque sous les murs d'Abbeville.

La navigation aurait été compromise depuis longtemps pour cette dernière ville, si l'on n'avait creusé au milieu des alluvions séculaires de la rive gauche un profond canal en ligne droite, la reliant avec Saint-Valery. Le chenal rétréci, tel que l'ont modelé les marées, est le dernier vestige de la partie haute de l'embouchure de la Somme.

Il est à remarquer que du côté droit la profondeur de l'eau a toujours été plus considérable que de l'autre. Le nom qui est resté au village de Port-le-Grand indique que les navires pouvaient pénétrer jusque-là. A côté il existe un bas-fond dont le nom de Bonne-Anse est pareillement significatif.

Les choses ont bien changé depuis le moyen âge. Faut-il attribuer ces modifications à un simple effet d'envasement, ou bien est-il nécessaire d'admettre qu'il y a eu un exhaussement lent du sol? C'est là ce qu'on suppose généralement, pour expliquer la plupart des transformations de la surface de la terre. Les mêmes évolutions qui ont eu lieu ici se retrouvent dans toutes les baies soumises aux alternances des marées; les différences n'existent que dans les effets. Les endiguements naturels et le *colmatage,* qui sont une conséquence du mouvement des eaux, ont amené un ralentissement dans le retour de la marée, qui déposait perpétuellement des vases qu'elle tenait en suspension.

Cet exhaussement du sol non seulement causa le retard du reflux, mais, par suite, supprima les chasses naturelles : des plaines marécageuses, à peine humides aux marées d'équinoxe, se sont formées insensiblement; puis elles se sont égouttées au soleil d'été ; enfin la végétation a terminé l'œuvre de la nature en les changeant en prairies.

Ces plages aux pentes insensibles ne conservent même pas de configuration fixe ; la marée, que le vent fait refluer plus ou moins loin, laisse après son passage un sillon vaseux qui témoigne de la hauteur atteinte ; puis des mois et des années se passent sans qu'il soit de nouveau mouillé.

D'après les cartes un peu fantaisistes du dix-septième siècle, le rivage de la partie sud de la baie de la Somme était tout différent. Dans une carte de N. et S. Magnin, de 1718, l'embouchure de la Maye, réduite aujourd'hui à de faibles proportions, est figurée comme une baie. Du côté opposé, entre la pointe du Hourdel et Saint-Valery, il existe une autre ouverture demi-circulaire, beaucoup amoindrie aujourd'hui, mais dont l'ancien tracé est conservé par la courbure de la route qui va à la pointe du Hourdel.

Cette pointe a toujours une tendance à s'avancer vers le nord-est, sous l'impulsion du courant qui la frôle du côté du large, tandis que du côté de la rive le contraire a lieu : l'eau étant relativement calme dans cette anse sinueuse, elle y abandonne les vases qu'elle contient.

La main des hommes a achevé l'œuvre rythmée des ondes lentes, mais puissantes ; les endiguements ont complété ce qu'elles avaient commencé. Aux *renclôtures* possibles par suite du retrait de la mer s'ajouta la construction de l'estacade du chemin de fer ; il arriva que cet ouvrage, long de 1,367 mètres, retarda l'écoulement en amont et fit, si l'on peut ainsi parler, l'office d'une digue filtrante. La marée poussée avec impétuosité passe à travers les interstices de la claire-voie ; mais à la descente, l'impulsion n'existant plus, les eaux emmagasinées déposent des sables fins et des vases qui s'amoncellent avec une rapidité plus grande qu'avant la construction de l'estacade.

Le chenal a donc été changé dans beaucoup d'endroits ; on en a profité pour compléter les renclôtures, dont les levées ajoutées les unes aux autres ont permis d'annexer à la terre ferme, depuis Noyelles jusqu'à Port-le-Grand, des centaines d'hectares. Ces terres nouvelles deviennent d'excellents pâturages, des prés salés, connus dans le pays sous le nom de « mollières » ; ils étaient appréciés depuis les temps les plus reculés, puisqu'on y retrouve de nombreuses traces de digues élevées successivement par les riverains du moyen âge.

C'est ainsi que la plaine de Rue a été protégée par une levée s'étendant de Noyelles au Crotoy; il y a trente ans, on a jugé que la mer pouvait encore être éloignée; on construisit un autre ouvrage parallèle à celui-ci. Depuis cette époque, on a de nouveau gagné sur les grèves.

Si les circonstances continuent à être favorables, l'avidité des riverains saura réduire la baie aux proportions les plus exiguës; mais l'avenir dira si les évolutions de la mer, dont on n'a pas tenu un compte assez scrupuleux, ne ménageront pas de dangereuses déceptions.

Les matériaux à l'aide desquels se font ces transformations sont de deux sortes : les sables et les galets, provenant, les uns comme les autres, de la destruction des falaises de la haute Normandie; les mouvements équilibrés de la mer se poursuivent depuis les temps les plus éloignés; ils ont effectué des dépôts successifs superposés, comme sur les bords d'un immense bassin de décantation.

Accumulés au pied des dernières pentes du plateau du Vimeux, ces matériaux se sont mélangés, finissant par former une plaine d'alluvions triangulaire nommée dans le pays « les Bas-Champs », par opposition au plateau élevé de l'intérieur.

La véritable limite de la mer au moment du soulèvement du plateau était la base même de la déclivité sur laquelle il est assis ; le jeu incessant des marées de la baie de la Somme, combiné avec les courants qui longent le rivage, amène sur ce point les débris des falaises avec une régularité méthodique qui depuis des siècles n'a pas varié.

Ces dépôts successifs, ajoutés les uns aux autres, ont formé la plaine des Bas-Champs ; on la distingue aisément du reste de la campagne environnante. La ligne droite des falaises se poursuit depuis l'embouchure de la Seine jusqu'à Ault ; mais à ce dernier point elle se divise en deux : la première suit la direction des collines au pied desquelles la mer a abandonné le premier dépôt, la seconde est la ligne même du rivage qu'augmentent toujours les apports des courants.

La plaine des Bas-Champs, limitée par les trois sommets d'un triangle : Ault, le Hourdel et Saint-Valery, n'était pas aussi régulière qu'aujourd'hui ; les méandres de la Somme serpentaient le long d'un bourrelet littoral. Les galets, toujours transportés du sud-ouest au nord, refoulèrent l'embouchure de cette rivière vers le nord ; d'un autre côté, les sables obstruèrent la rive droite, car il est prouvé que les galets n'ont jamais dépassé la pointe du Hourdel.

Au milieu de cette vaste embouchure il y avait des îlots désignés sous les noms de Hoc et de Heurt, sur lesquels s'établirent plus tard Cayeux, Rue, Noyelles, le Crotoy. Peu à peu ces îles se soudèrent aux rives, qui continuaient à s'avancer dans la baie ; les eaux introduites à chaque marée diminuèrent de volume et furent insuffisantes pour balayer les sables apportés par le flot.

L'embouchure se rétrécit de plus en plus et finit par prendre la forme qu'elle a aujourd'hui. Actuellement, la pointe du Hourdel ne s'avance plus; mais la baie n'en continue pas moins à s'ensabler, et il est certain que, dans un avenir plus ou moins rapproché, Saint-Valery et le Crotoy deviendront des ports d'eau douce.

Les îlots disséminés au milieu des grèves de l'estuaire de la Somme, réduits à de simples platins vaseux, reçurent les premiers habitants du pays; on peut les comparer aux « terpens » de la Flandre. Le Crotoy existait déjà à l'époque romaine, si l'on en juge d'après les débris de divers objets trouvés dans les fouilles. A partir du moment où les eaux de la rivière, rejetées sous les murs de Saint-Valery, creusèrent le canal actuel, ce petit port, s'ensablant, perdit son importance au profit de son voisin.

Dans ces dernières années, on a construit au Crotoy un bassin de retenue que la marée remplit, qui se vide par des écluses de chasse et fournit un courant assez fort pour entretenir un chenal permettant aux bateaux de pêche de remonter jusque sous les murs de la ville.

Aux abords du Hourdel on peut constater le résultat du travail de la mer et voir comment elle procède dans l'accroissement continuel de la plaine des Bas-Champs.

Il n'y a qu'à regarder ces immenses cordons de galets, accumulés par millions de mètres cubes, qui sont venus s'échouer au bout de leur course le long des plages, où les lois invariables qui président à leur translation les obligeaient à s'arrêter.

Examinées du sommet du phare, ces bandes vallonnées de pierres roulées présentent un singulier aspect; on dirait des terrassements exécutés de main d'homme. Ce terrain ondulé a pour ainsi dire moulé les traces des caprices de la mer : on y voit le témoignage de tel hiver fécond en tempêtes ou de telle marée furieuse qu'on aurait oubliés depuis longtemps, si leur souvenir n'était marqué ici en traits ineffaçables.

Voilà comment Cayeux, qui fut bâti sur le bord même de la mer, voit les flots s'éloigner tous les jours du seuil de ses maisons. Le banc de galets a pris une extension suffisante pour que le Domaine maritime, à qui appartient tout ce qui est au delà des « relais de mer », revendiquant la propriété de cette terre nouvellement formée, ait mis en vente, en 1879, la bande de terrain comprise entre le bourg et la plage.

Un nouveau quartier s'élèvera donc sur ce sol donné par les courants, et les anciennes maisons se trouveront séparées de la mer par des rangées de constructions nouvelles.

Il existe à côté de Cayeux un étang: « le hâble d'Ault » (pour havre); il se rétrécit de jour en jour; il est parallèle au rivage, sur une longueur de deux kilomètres. Sa largeur varie depuis quatre-vingt-dix mètres jusqu'aux plus humbles proportions d'un ruisseau. Le hâble est le dernier vestige d'une portion de l'estuaire de la Somme dont les eaux, refoulées dans leur marche vers la mer, s'échappaient alors derrière une digue protectrice.

Aujourd'hui, ce qui fut une baie est un lac, dont la

Cordons littoraux à Cayeux.

surface est sensible aux gonflements des grandes marées se propageant à travers l'épais bourrelet de galets qui fait fonction de digue filtrante.

Il y a un siècle à peine, le hâble communiquait directement avec la mer; il servait de port à Cayeux dont l'origine est intimement liée avec cette circonstance. La tradition est d'accord sur ce point avec les cartes du siècle dernier, par exemple de celle de H. Michelot, où l'on retrouve une sorte de baie ouverte par un goulet étroit. On a même indiqué, dans ces cartes, quelques îlots où existent des huttes pour la chasse aux canards; ces huttes ont été conservées jusqu'à l'époque actuelle, quoiqu'elles tendent à devenir rares, l'étang diminuant toujours.

L'entrée du hâble fut fermée définitivement en 1850; la main des hommes y contribua du reste. Il s'agissait d'empêcher les terres voisines d'être submergées aux grandes marées; on fit pour cela un barrage à l'endroit où le hâble conserve actuellement sa plus grande étendue.

C'est à ce point que devait aboutir un canal de grande navigation reliant Saint-Valery à la mer, à travers la plaine d'alluvions, et qui aurait permis d'éviter les dangers de la baie. Ce projet, conçu par Vauban, fut abandonné dès le début; il fut repris ensuite par François Gatte, négociant d'Abbeville, et plus tard encore par l'ingénieur de Lamblardie.

L'ouverture d'un pareil canal est le seul moyen de sauver le port de Saint-Valery, dont l'ensablement progressif donne de sérieuses inquiétudes pour l'avenir. A l'époque de Vauban, il pouvait aboutir au hâble, alors utilisable comme port d'entrée; aujourd'hui, le hâble n'existant plus qu'à l'état de souvenir, il faudrait augmenter les dépenses pour creuser un port, dont la sécurité serait problématique.

Entre le hâble et le rivage proprement dit, derrière

la digue de galets parfaitement alignée par la mer, on trouve une série de cordons de galets qui, à la manière d'un moule, ont conservé la ligne ondulée que leur ont façonnée les vagues. Tantôt la courbure de ces cordons est tournée du côté du large, tantôt elle se rejette de côté et d'autre, semblant indiquer par ses contours bizarres toutes les phases des révolutions de la mer, accentuant les périodes d'agitation par une élévation plus grande des lignes de galets, et les périodes de calme par un affaissement proportionné.

Leur hauteur varie de trois mètres à vingt centimètres, laissant entre deux cordons successifs des vallonnements dont l'axe reste toujours parallèle à la direction du rivage. Ces témoignages d'un changement dans le niveau de la mer sont les plus remarquables qu'on trouve peut-être sur toute l'étendue de nos côtes. Nulle part les traces anciennes du passage de la vague n'ont été aussi bien conservées.

V

LES FALAISES DE LA HAUTE NORMANDIE

A Ault, la côte change d'aspect; la plaine nivelée disparaît pour faire place à une ligne continue de falaises de craie qui se poursuit sur une longueur de cent trente kilomètres, jusqu'à l'embouchure de la Seine.

Au bord du précipice interminable que forment ces escarpements, près duquel les moissons s'arrêtent, les habitants prudents n'osent poser leurs maisons, malgré le splendide panorama qu'on embrasse du haut de cette terrasse : ils savent que tous les ans, pendant les dégels d'hiver, l'arête, minée intérieurement par les pluies, s'émiette et se détache.

Vues de la mer, les falaises ont un caractère tout autre; elles présentent l'aspect d'une gigantesque muraille grise, striée dans le sens vertical par les coulées de terre détrempée et où les lignes horizontales de silex figurent les assises d'une construction cyclopéenne qui serait couronnée par une crête ondulée de verdure.

De distance en distance, de simples plis de terrain, alternant avec des vallées plus profondes qui débouchent sur la mer en coupant en plein la falaise, forment autant de vertes découpures dans le majestueux rem-

Falaise sapée par la base.

part. Le navigateur considère avec effroi cet écueil et reste à distance.

Outre le danger d'y venir échouer, il craint les perturbations produites sur cette côte par les vents qui la frappent perpendiculairement. C'est que la hauteur est suffisante pour neutraliser les vents du large, et former des remous aériens funestes à l'imprudent navire qui se hasarderait trop près de ce mur où les vagues mugissantes le briseraient sans pitié.

En observant avec attention, on découvre dans la masse de craie de nombreuses couches représentant d'anciens fonds de mer; car la craie s'est formée au sein des eaux profondes, par une succession de dépôts dont la chronologie s'établit par les coquillages, grands et petits, gisants à l'endroit même où ils ont passé leur vie éphémère.

Les plus petits sont les plus abondants; on les retrouve encore à l'état vivant, par milliers, dans la profondeur des mers. Dans la suite infinie des temps, ils ont été amenés au-dessus du niveau des eaux; aux abîmes ont succédé des plaines et des collines.

Ces couches sont multiples et parallèles entre elles. Les principales alternent avec des lits de sable et de cailloux. Au pied de la falaise, on voit des argiles dites *wealdiennes*; au-dessus un lit de sables verts, surmonté d'un épais banc de craie; enfin, dans la région supérieure, on retrouve le terrain diluvien.

Ces murailles à pic n'ont pas toujours été telles qu'elles s'offrent à nos yeux aujourd'hui. Au moment du soulèvement du plateau de craie qui s'étend sur tout le nord-ouest de la France, ses bords continuaient la déclivité du terrain par une pente douce allant jusqu'à une plage, qui devait être éloignée de plusieurs kilomètres de celle que nous foulons aujourd'hui aux pieds.

Les flots ont entamé lentement, mais avec énergie, cette roche friable; les pluies et l'atmosphère ont continué cette œuvre depuis des siècles, dans les parties que la lame ne pouvait plus atteindre. La marne résiste mal au contact de l'eau; elle s'imbibe, se dissout comme le savon et finit par se délayer en molécules impalpables; elle est mise à nu et de nouveau attaquée.

Les pluies désagrègent la surface marneuse; les gelées surtout ont une grande part dans l'œuvre de destruction; la masse, cédant à la pression, se fond dans sa partie supérieure; ces fissures y sont d'abord imperceptibles; mais les eaux y pénètrent, entraînant avec elles de la terre meuble qui s'empreint d'humidité pendant l'hiver. Au moment des gelées, cette mince lamelle de terre incrustée dans la fissure se congèle, fait expansion et agit comme un coin. Ce phénomène se renouvelant plusieurs années de suite, la masse de craie finit par éclater; elle se détache et s'écroule avec fracas sur la grève.

Il existe aussi des puits naturels, sortes de failles postérieures à la formation de la craie, où la terre s'y trouve comprimée comme dans les crevasses. Si ces puits sont situés loin du bord de la falaise, leur expansion est inoffensive au milieu d'un terrain résistant; mais, s'ils en sont rapprochés, ils agissent énergiquement, comme les fissures dans l'œuvre de destruction, et dissolvent les tranches de la marne.

On voit du reste, le long de la bordure de la falaise,

Falaises de Dieppe.

des crevasses demi-circulaires, dont la concavité est tournée du côté de la mer : elles sont remplies de terre sur une largeur de quelques centimètres ; mais, en sondant avec un bâton, on constate que le dessous est vide. Tous les ans elles s'agrandissent, préparant ainsi progressivement le moment de l'éboulement.

Tandis que les pluies et les gelées détruisent la partie supérieure, la mer sape la base avec énergie. La craie résiste bien quelque temps, parce qu'elle n'est baignée que peu de temps à chaque marée ; mais à la base se trouve un talus de galets, mis en mouvement au moment de la haute mer. Ce n'est qu'après avoir été longtemps usée et fatiguée par leur choc que la base de la muraille se creuse en encorbellement.

Mais, s'il y a une *tendrière* ou une cavité plus poreuse, il se forme des *cavernes,* des fissures qui s'agrandissent toujours. On doit à cette particularité les grottes d'Antifer, les aiguilles et les rochers pittoresques d'Étretat. Ces arches imposantes, ces rochers menaçants, ont été découpés en partie par la violence des eaux ; ce grand travail a d'autre part été préparé par une dislocation préalable du sol, qui a divisé toute la masse crétacée par un système de fentes favorable aux découpures.

A l'action de la lame battant le rempart, aux effets de la désagrégation causée par les intempéries atmosphériques, il faut encore joindre les infiltrations des nappes d'eau. Les sources, suivant certaines couches plus perméables de la craie, produisent l'érosion d'une assise horizontale et finissent par provoquer des glissements considérables.

Ces causes, faibles en apparence, mettent en mouvement des milliers de mètres cubes, et la roche, s'éboulant sur la plage, la couvre de décombres.

La même cause de destruction est aussi produite

La désagrégation des falaises.

directement par les eaux de la mer. Au moment de la marée, elles pénètrent par les fissures dans une couche argileuse, lavent, dans leur mouvement d'entrée et de sortie, les parties solubles de l'argile et forment de petites cavernes creusées toujours de la même façon. La couche tendre, ainsi découpée horizontalement, provoque des tassements intérieurs, précurseurs d'une catastrophe future.

Ces réservoirs, creusés par le va-et-vient de l'eau, existent longtemps encore après le retrait de la marée; un jet d'eau salée s'en échappe comme d'une fontaine. On peut prédire alors que la falaise est en train d'être détruite.

On a fait intervenir, pour expliquer ces éboulements,

Vue de falaises.

les commotions du sol; il s'en produit en effet, mais elles sont très faibles, et on ne les enregistre qu'à titre de curiosités. Cependant, le 6 janvier 1883, on a ressenti à Béthencourt-sur-Mer, près d'Ault, une trépidation légère, sans conséquences graves.

D'après les calculs de l'ingénieur de Lamblardie, les éboulements réunis de toute la côte de la haute Normandie équivaudraient à l'érosion d'une tranche de trente centimètres par an.

On a pu constater les circonstances dans lesquelles les éboulements ont lieu; on est autorisé à avancer avec quelque certitude qu'il ne se passe pas d'année où il ne s'en produise au moins dans une localité.

Un des plus importants eut lieu le 30 juin 1866, au cap de la Hève, un des points les plus attaqués de toute la côte. Depuis deux mois, les crevasses s'élargissaient, les fissures se multipliaient; la basse falaise était en mouvement vers la mer, glissant sur un banc d'argile miné par les eaux de l'intérieur. On attendait un effroyable événement. Le matin du jour de l'accident, le glissement devint sensible pour la vue la moins exercée.

Vers dix heures du matin, une partie considérable de la falaise s'ébranlait avec un bruit sourd, au milieu d'un nuage de poussière. En tombant sur le talus d'éboulement, cette masse de roches en accéléra la marche et toute la basse falaise, sur une étendue de cinq cents mètres, depuis la partie nord-ouest jusque vers le poste des signaux de la Hève, fut ébranlée par le choc et suivit le mouvement. En cet endroit, le talus d'éboulement avait à peu près deux cents mètres de largeur et se terminait, au bord de la mer, par un escarpement formé d'argiles et de calcaires, haut de cinq mètres et taillé à pic.

L'amas de décombres de toutes dimensions projeté

sur le galet a été estimé à quatre mille mètres cubes ; il formait un promontoire faisant saillie à quarante mètres dans la mer. M. G. Lennier a calculé que la surface totale du terrain entraîné par le mouvement pendant l'éboulement était de huit hectares.

L'année suivante, une autre partie de la falaise se dé-

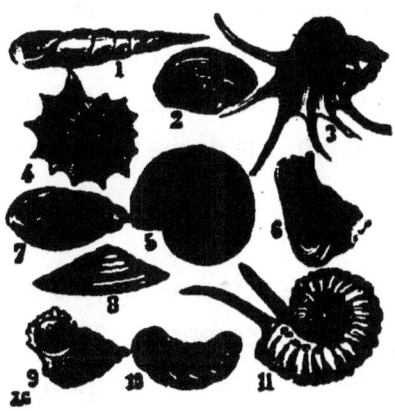

Les principaux fossiles de la craie.

1. Chemnitzia Clio. — 2. Corbula Inflexa. — 3. Pterocera Oceanis. — 4. Nummunites Ornatus. — 5. Planorbis Loryi. — 6. Pleurotomaria Discoidea. — 7. Carichium Brotianum. — 8. Patella Castellana. — 9. Turbo Tegulatus. — 10. Ostea Acuminata. — 11. Ammonites Jason.

tacha dans des circonstances semblables ; la plage fut couverte d'un monceau de débris ; d'énormes blocs furent projetés à plus de cent mètres au large.

Le 14 juin 1861, au moment où les ouvriers venaient de quitter leur travail sur la plage, toute la basse falaise glissa lentement vers la mer, refoulant devant elle le sable et le galet, qui se trouvèrent soulevés en quelques endroits de quatre à cinq mètres au-dessus du niveau de la mer. Quelques gros blocs couverts de mollusques furent en même temps exhaussés par la pression.

En glissant ainsi, la partie basse de la falaise avait cessé de soutenir la partie supérieure, qui surplombait d'une façon inquiétante. De nouveaux éboulements étaient inévitables; dès le lendemain, de grandes fissures, qui avaient été remarquées dans la partie supérieure, s'agrandirent lentement, et bientôt plus de quarante mille mètres cubes du rocher s'abîmèrent comme une avalanche dans la mer. Pendant deux jours, des blocs restés suspendus d'une façon menaçante continuèrent à tomber.

Ces éboulements ont laissé subsister d'assez nombreux vestiges, qui sont comme les « témoins » que les terrassiers conservent dans le sol qu'ils creusent, afin de donner une idée du déblai qu'ils ont opéré.

Sur toute la longueur de la côte on rencontre des déchirures aux teintes sombres, portant témoignage de la destruction. Mais, si la teinte bistrée tranche sur le gris, c'est la preuve évidente d'une chute récente.

C'est ainsi qu'on peut distinguer un des plus importants de ces effondrements, qui s'est produit près de Panly, en janvier 1879; une arête, menaçant depuis longtemps et détachée préalablement par de profondes crevasses, s'est affaissée subitement, à la suite d'un dégel, ensevelissant plusieurs personnes qui travaillaient sur la plage.

En octobre 1882, après des pluies abondantes, il se produisit à Étretat un éboulement de plusieurs centaines de mètres cubes, qui modifia sensiblement la physionomie si pittoresque des environs.

Quelquefois aussi, quand il existe des nappes argileuses, les glissements ne sont accompagnés d'aucun signe précurseur. Ils ont lieu surtout à l'époque du dégel. Le système de destruction, alors, n'est plus le même ; la surface de la falaise s'effrite au contact des agents météoriques et se détache par parcelles au moment du printemps.

Celui qui passe au pied de la falaise par un vent violent, pendant certaines matinées du mois de mars, peut constater qu'il tombe autour de lui une pluie de poussières et de particules crayeuses chassées par les tourbillons. Les habitants de ces parages savent qu'il est dangereux en ces moments de longer la falaise ; car, avec cette pluie fine de matériaux légers, des blocs gros et lourds sont aussi détachés.

Nous avons vu comment les matériaux sont arrachés à la falaise par la désorganisation atmosphérique ; examinons comment la mer procède à leur enlèvement.

Si la lame battait toujours la côte dans la même direction, il en résulterait un clapotement direct sur sa base ; mais les courants agissant en sens contraire opèrent à chaque marée une translation latérale. Les effets en sont désastreux pour toutes les anfractuosités où il existe un petit havre conservé à grands frais par des travaux sans cesse renouvelés : les matériaux s'y déposent sous forme de vases ou de bancs de galets. Les courants, invisibles pour celui qui se contenterait d'examiner la mer de la plage, se montrent au contraire dans toute leur ampleur si l'on monte sur le haut de la falaise et qu'on domine l'horizon : on voit alors une zone grisâtre, tranchant sur l'azur de la mer : c'est le courant parallèle à la côte, chargé de toutes les matières dont la densité permet le transport, quand elles sont diluées par le flot.

La grande ondulation de la marée, venant de l'Atlantique pour se répandre dans la Manche, frappe directement la côte au cap d'Antifer, où elle se divise en deux branches; l'une continue jusqu'aux bouches de l'Escaut, l'autre reflue vers la Seine. Les courants qui suivent parallèlement les plages sont une conséquence directe de la première de ces poussées.

Deux forces distinctes opèrent le triage des matériaux : d'abord les vagues changent en galets aux contours arrondis les rognons de silex qui étaient étagés dans la craie, puis, en les roulant les uns contre les autres, elles transforment les particules brisées en sable fin ; ensuite les courants littoraux entraînent toutes les matières légères de la craie dissoute jusque dans des fonds plus calmes.

Le triage se fait donc pour chacun des matériaux suivant sa densité ; c'est une gigantesque opération mécanique où la nature procède avec une régularité frappante; on y retrouve les secrets de formation de la surface terrestre. Toutes ces matières légères, répandues dans les grandes profondeurs, constituent de nouvelles couches de craie, qui, dans un temps dont les limites sont insaisissables pour notre imagination, seront soulevées à leur tour pour supporter les générations qui viendront.

Les galets plus lourds restent à l'endroit où meurt la marée; toujours repoussés, toujours transportés par la vague à la partie supérieure de ce qu'on appelle « l'appareil littoral », ils sont déposés en bandes dont les plis, stéréotypés pour ainsi dire, nous conservent des indications précises sur les diverses hauteurs de la marée et même ses degrés d'intensité.

Il est à remarquer que ces bourrelets ne sont pas disposés au hasard, mais que plus ils sont élevés tard, plus ils sont composés de gros matériaux; au bas du talus où se brise la lame, on rencontre encore des cailloux fins, aux angles abattus, non encore arrondis; mais, plus on monte, plus le galet devient parfaitement sphérique.

Au bas des étages formés par le mouvement des ondes, s'étend une plage de sable faiblement inclinée, qu'à marée basse l'œil juge de niveau. Cette plaine, dorée et brillante, a encore été formée suivant les mêmes lois de densité : les grains de sable plus lourds sont à la surface, tandis que des matières terreuses, moins bien lavées, se concentrent dans le sous-sol.

Le mélange du galet avec le sable est une exception ; le galet sert de tamis et permet à la lame d'emporter dans son mouvement de recul toutes les particules provenant du choc des silex les uns contre les autres. Il y a donc, dans ces matériaux d'apparence inerte, un merveilleux travail qui s'accomplit avec une méthode naturelle digne de fixer l'attention.

Les débris qui proviennent de ce travail, charriés par les mêmes mouvements sans cesse répétés, vont former de nouvelles terres. C'est ainsi qu'ont été créées deux plaines à chaque extrémité des falaises en voie de destruction : l'une, à l'embouchure de la Somme, la plaine des Bas-Champs ; l'autre, à l'embouchure de la Seine, la plaine de l'Heure.

Le mouvement de translation prend naissance au cap d'Antifer, point de partage des courants ; il se propage sur une longueur de vingt-quatre kilomètres du côté de la Seine et de cent seize du côté de la Somme. Le rapport de ces deux nombres est celui d'un à cinq ; comme les circonstances locales sont peu différentes, il doit se rapprocher de celui du volume des terres éboulées en aval et en amont du cap d'Antifer. Dans cette évaluation, la plaine de l'Heure figure pour mille huit cents hectares et le territoire des Bas-Champs pour quatre mille cinq cents ; proportions qui équilibrent la somme des matériaux enlevés aux falaises de la haute Normandie pour former ces plaines.

Il faut pourtant déduire de cette restitution faite au

territoire une partie des déblais qui se sont arrêtés dans les estuaires des petites rivières qui débouchent dans les anfractuosités de la côte.

Car dans chacune d'elles il existe un modeste port, condamné à s'ensabler perpétuellement. Il est à remarquer que les plus prompts à s'ensabler sont les plus éloignés du cap d'Antifer (pour la partie nord); circonstance dont il faudrait conclure que l'épanouissement des courants est proportionnel à la distance parcourue.

Rétablissons maintenant par l'étude la configuration de la côte avant qu'elle eût été absorbée par la mer. D'après l'estimation qui précède, on a des éléments suffisants pour reconstituer par le calcul l'ancienne limite du rivage.

En répartissant suivant une zone parallèle les matériaux avec lesquels la mer a formé les plaines de l'Heure, des Bas-Champs et du Marquenterre, on obtiendrait les points où se trouvait l'ancienne limite. On ferait en géologie ce qu'on fait en arithmétique quand, avec deux nombres connus, on en cherche un troisième qui est inconnu.

On pourrait aussi vérifier le résultat par un procédé graphique consistant à rétablir les pentes du terrain absorbé d'après ce qui en subsiste encore. En déterminant les lignes d'inclinaison des *valleuses*, on obtiendrait, par un simple problème de géométrie descriptive, les génératrices de la surface de l'ancien terrain avec ses ondulations. Le point où ces lignes rencontreraient le niveau de la mer serait la limite du rivage aux temps géologiques.

L'ensemble de cette restauration, opéré par ce procédé, semble indiquer que le rivage se trouvait à une distance, variable entre trois et cinq kilomètres, du pied de la falaise actuelle.

Tous les ports situés dans les anfractuosités de cette côte inhospitalière ont été envasés par des débris d'érosion ; les mêmes courants les ont comblés d'abord, puis enfin détruits. Aujourd'hui, on lutte avec des dépenses considérables contre les forces de la nature, à laquelle reste toujours le dernier mot.

Aucun port n'a conservé ses avantages ; l'ensablement a même été beaucoup plus rapide qu'on pourrait le supposer. Le petit port d'Ault formait en 1698 une crique pouvant abriter vingt-quatre bateaux de pêche de quatorze à vingt tonneaux ; en 1750, elle n'existait déjà plus. Actuellement, le bas de la valleuse aboutit directement à la plage par un escalier remplaçant les pentes douces qui conduisaient autrefois au port. Le village ancien a été absorbé ; on en a reconstruit un nouveau dans le fond du vallon. Il n'y a plus là de port, plus une barque, plus un matelot.

Toute cette bande du littoral était désignée, sur les cartes du dix-huitième siècle, sous le nom de « côte des sept Vallées », probablement à cause des vallons qui restent encore et dont les ondulations se voient distinctement en venant du large.

L'ouverture formée par la vallée de la Bresle est une des plus grandes de toute la côte. A l'entrée, sur le petit estuaire de la rivière, est situé Le Tréport, peut-être l'*Ulterior Portus* de l'époque romaine. Les flottes des Normands s'y réfugièrent à l'abri de la forteresse que leur chef Rollon avait élevée en 912, sur l'emplacement occupé aujourd'hui par l'hôtel de ville. Sur un plan manuscrit du dix-septième siècle, on voit la partie inférieure de la vallée couverte d'étiers et de marécages, dans lesquels la mer pénètre pendant les grandes marées ; ils servaient de port aux flottes normandes dont les navires avaient un faible tirant d'eau.

Le Tréport ne fut réellement fondé qu'en 1101, quand le comte Henri d'Eu fit fermer la passe du côté de Mers et reporta l'embouchure à gauche de la vallée. En 1445, on creusa le canal d'Artois, qui partait du milieu du bassin des chasses pour aboutir au bas du parc du Château, où il se confondait avec le lit de la Bresle. L'emplacement actuel de la gare était un îlot placé entre les deux ouvertures que la nature a comblées par le bourrelet de galets qui barre la vallée. Le bassin de retenue que l'on voit encore aujourd'hui fut creusé en 1780 par le duc de Penthièvre.

Le bourrelet de galets sert de digue empêchant les violentes marées d'inonder la vallée dont le sol est presque au niveau de la mer, ainsi qu'on peut en juger par la nappe d'eau du bassin de retenue. L'eau calme ne dépasse pas ce niveau ; mais les vagues du large, poussées avec toute l'impétuosité des vents d'ouest, atteignent le sommet du bourrelet, qui est de deux mètres plus élevé que le fond de la vallée. Aussi des règlements protecteurs empêchent toute excavation dans cette frontière naturelle opposée aux éléments courroucés.

La jetée et les épis de la grève n'empêchent pas le galet de venir jusque dans le port, d'où il faut l'extraire à grands frais, sous peine de voir ce port se combler. Le prolongement de la jetée exécuté dernièrement a pour but de rejeter au large les malencontreux courants qui apportent tous ces matériaux.

Les effets de ces courants sont souvent modifiés par les obstructions provenant de la chute des falaises. Ainsi, dans l'hiver de 1883, un grand éboulement se produisit à l'est du sémaphore ; il fut si rapide que les débris, portés à plus de deux cents mètres de la base, élevèrent une sorte de digue émergeant de plusieurs mètres. Cet épi naturel rejeta au large le courant qui longe la côte, jusqu'au moment où il fut rongé par la mer, qui n'en laissa plus de traces.

En poursuivant l'examen de la côte vers l'ouest, on rencontre l'échancrure de la petite vallée d'Yères, un diminutif de celle de la Bresle, à laquelle elle est parallèle. Ses eaux, refoulées par un bourrelet de galets, ne peuvent s'écouler à marée basse que par un chenal variable suivant les caprices des marées.

Marée basse. — Retour de pêche.

A chacun de ces vallons, la haute muraille des falaises s'abaisse, par suite d'un plissement gigantesque de tout le plateau de craie de la Normandie. Les géologues ont remarqué que toutes ces vallées, aboutissant directement à la côte, sont parallèles entre elles dans toute la partie comprise entre la Seine et l'Artois ; ils en ont tiré la conséquence qu'une étreinte gigantesque a dû comprimer tout le plateau. Ils ont comparé ce plissement à celui que produirait, sur un livre posé à plat, une compression latérale qui ferait prendre aux feuillets une forme ondulée.

Ces contractions ont produit ces découpures imposantes de la ligne du rivage, ces tranchées parmi lesquelles on distingue la gorge de Biville, à laquelle se rattache le souvenir du débarquement de Georges Cadoudal.

Près du village de Puits, on distingue les traces des circonvallations d'un camp romain, connu dans le pays sous le nom de « cité de Limes ». Il se trouvait sur le trajet d'une voie romaine allant de Criel à Dieppe. Orientées suivant les quatre points cardinaux, ces circonvallations enfermaient une surface de cinquante hectares. La mer a emporté une notable partie de la falaise du haut de laquelle l'armée romaine pouvait surveiller les débarquements et protéger la flotte abritée dans la vallée d'Arques.

De ce camp, qui devait avoir une forme carrée suivant les usages stratégiques des Romains, il ne reste plus qu'un côté, l'hypoténuse d'un triangle rectangle, avec lequel on peut reconstituer l'ancien périmètre et, par conséquent, déterminer la ligne du rivage contemporain des Romains.

Le côté sud, intact sur une longueur de quinze cents mètres, indique que le carré primitif s'étendait à cette distance de l'angle qui reste comme repère ; la circonvallation est n'existant plus que sur une longueur de cinq cents mètres, on peut en déduire que les huit cents mètres restants, à partir de l'arête de la falaise, représentent la distance à laquelle elle se trouvait à l'époque gallo-romaine. Ces mesures concordent avec la restauration faite par Nell de Bréauté.

Dieppe est située dans une position identique à celle du Tréport. Si l'on en juge d'après la tradition, qui lui accorde le nom de *Deep* (profond), donné par les navigateurs normands, son port aurait été alors plus important qu'aujourd'hui.

Autrefois, la mer s'étendait dans la partie inférieure de la vallée d'Arques ; mais ici, comme dans toutes les ouvertures de la côte, le mouvement des marées a élevé un grand bourrelet de galets qui obstrue la vallée et laisse à peine un étroit passage pour l'écoulement des eaux. La ville nouvelle a été construite sur ce sol formé par la mer, qui s'accroît de jour en jour, et l'entrée du port est réduite à l'étroit chenal qui livre passage aux eaux de la rivière de la Béthune.

Cette passe a subi de nombreuses vicissitudes. Il

a fallu lutter pour ne pas perdre le port. En 1616, une partie de la falaise de l'est s'écroula ; l'entrée fut obstruée et le chenal rétréci. En 1672, une tempête amena un banc de galets en face de l'entrée. On continue depuis le moyen âge ce travail de Sisyphe : on passe l'été à retirer ce que les tempêtes d'hiver ont déposé.

Dieppe et ses environs d'après la carte de France au $\frac{1}{80,000}$.

A l'ouest de Dieppe, plusieurs criques servant de ports aux siècles derniers ont été comblées par les débris arrachés à la côte. Ainsi, à Veules, on comptait en 1664 plus de trente barques de pêche ; mais, au commencement du dix-huitième siècle, une tempête démolit le village, si bien qu'on abandonna complètement les travaux de déblaiement du port, qui n'existait plus cinquante ans après.

Tous les petits hameaux qui servirent de berceaux à Saint-Valery-en-Caux, Fécamp, Yport et autres, étaient au moyen âge de petites criques où les pêcheurs abritaient leurs barques.

Les environs du cap d'Antifer affectent un caractère plus pittoresque : des découpures y ont été creusées par la mer, dans des parties plus friables de la craie. C'est ainsi qu'a été formée l'arche naturelle de Saint-Martin-aux-Buneaux, vaste cavité taillée dans la craie.

Les nombreuses découpures d'Étretat sont les plus pittoresques de la côte. Étretat n'a point d'autres monuments que ceux de la nature; ses gigantesques aiguilles, ses arches, ses sommets taillés à pic ont attiré bien des visiteurs. L'Aiguille est un obélisque d'une majestueuse grandeur qui s'élance à soixante-sept mètres; la Chambre aux Demoiselles forme une grotte taillée dans le rocher, à cent mètres au-dessus de la mer; on n'y arrive que par un sentier surplombant l'abîme. L'arcade de la Manne-Porte, le Trou-à-l'Homme, sont des souterrains que les flots des grandes marées font résonner de bruits étranges, qui reportent la pensée aux antres de la sibylle antique. Les fontaines des Mousses, à Bénouville, sont des masses d'eau vive qui sortent sous une mousse toujours verdoyante.

Dans le vallon où affluent les étrangers pendant la belle saison, les anciens Normands venaient se réfugier avec leurs barques de pêche, pendant les moments trop fréquents où la mer est inclémente. Aujourd'hui, le port ou la petite baie qui les recevait a disparu ; nos pêcheurs sont maintenant obligés de haler leurs bateaux sur le banc de galets, servant de *posée*, pour les mettre hors des atteintes des lames furieuses.

On avait proposé, au commencement du siècle, de construire un port consistant en deux jetées demi-circu-

Falaises d'Étretat.

laires s'avançant au large ; mais l'incertitude de la réussite, à laquelle s'opposent les caprices des courants qui longent toute cette côte, a fait abandonner le projet.

Toute l'attention des ingénieurs a d'ailleurs été reportée sur le Havre, le grand port de nos côtes occidentales, le port le plus voisin de la capitale de la France.

VI

LE HAVRE ET L'EMBOUCHURE DE LA SEINE

Après avoir arrosé les plaines fertiles de l'Ile-de-France et traversé Paris, la Seine se jette dans la mer par un estuaire soumis, depuis les temps les plus reculés, aux capricieux mouvements des marées. Au-dessous de Rouen, le fleuve garde encore des proportions relativement modestes, en traversant les sites pittoresques de Duclair, de Jumièges, de Tancarville; mais, à partir de Quillebœuf, il s'élargit : là commence vraiment l'estuaire.

Toutes ces côtes ont été perpétuellement remaniées par la violence des courants. Ainsi, au moment de la conquête des Gaules, l'embouchure de la Seine était beaucoup plus étendue que maintenant. Il reste encore plusieurs centres de population qui se sont perpétués à travers les âges et que la tradition nous représente comme ayant été des ports de mer; de nos jours, ils sont relégués dans l'intérieur des terres, à plusieurs kilomètres de l'embouchure. C'est le cas de Lillebonne (*Julia Bona*), où l'on a retrouvé de nombreux vestiges de l'époque romaine, ensevelis sous les alluvions de la mer.

La marée qui venait jadis baigner ses murs ne vient plus aujourd'hui qu'à trois kilomètres de l'endroit où les galères romaines jetaient l'ancre. La main des hommes, ayant aidé la nature et construit des endiguements, a transformé toute cette partie de la côte.

L'espace compris entre le cap de la Roque et la pointe de Quillebœuf constitue le Marais-Vernier, vaste prairie entourée encore par la trace d'un méandre demi-circulaire que le fleuve avait tracé au dix-septième siècle ; il se jetait alors dans ce canal sinueux, qui a été depuis obstrué par les bancs de sable de l'embouchure.

En face du Havre, existait à l'époque gallo-romaine la station navale de *Caracotinum*, sur l'emplacement de laquelle s'élève Honfleur. Au quinzième siècle, cette ville avait une importance plus grande que sa voisine; elle était le port militaire de la Seine, d'où partit, en 1503, Paulmier, l'un de ceux qui découvrirent l'Australie. La petite rivière de la Lézarde servait alors de port aux galères; maintenant, elle n'est accessible aux navires de faible tonnage qu'aux jours de grandes marées. On a calculé que, depuis quatre siècles, les atterrissements de la pointe du Hoc ont reporté l'embouchure proprement dite à plus de trois kilomètres.

L'embouchure de la Seine doit ces transformations aux matériaux arrachés aux falaises et transportés de proche en proche, par le jeu des courants, jusqu'à l'endroit où un calme relatif leur fournit un bassin naturel de décantation.

On pourrait affirmer que le cap de la Hève, démoli pièce à pièce et dissous par les eaux, a servi pendant une suite de siècles à modifier la configuration de l'estuaire de la Seine. Pour retrouver ces masses de craie arrachées chaque année dans les mauvais temps d'hiver, il faut aller les rechercher, réduites en vases et en sables, sur tout le littoral de l'estuaire. Ce sont elles qui ont changé les bords de la Lézarde et ont rempli le marais Vernier.

Sur la hauteur de la Hève existait autrefois la petite ville de Saint-Denis-Chef-de-Caux; elle occupait la place actuelle du banc de l'Éclat, situé à mille quatre cents mètres du pied des falaises. Cette ville est signalée sur les cartes de Stapleton; une charte de 1295 en fait mention; en 1373, la commune avait été autorisée à relever l'église « chue en mer »; puis, à partir du dix-septième siècle, son nom disparaît. La mer l'avait absorbée.

Les cartes marines du dix-septième et du dix-huitième

siècle mentionnent le banc de l'Éclat, sans le déterminer plus rigoureusement; le promontoire des Calètes, dont il est l'unique reste, ne paraît plus dans l'histoire locale. En se rapportant aux estimations de l'ingénieur de Lamblardie, on trouve un recul de deux mètres par an au cap de la Hève; d'après ce calcul, la limite du rivage, à l'époque de la conquête des Gaules, était à trois mille cinq cents mètres du point qu'il occupe actuellement.

A l'endroit où existait la ville, la sonde donne aujourd'hui de six à dix mètres de profondeur. On peut dire que les ruines même ont péri.

Autrefois, les galets, formant digue au pied de la Hève, s'étendaient en ligne droite jusqu'à Honfleur; les marées submergeaient cet épi naturel, permettant aux plus furieuses vagues de s'étaler et de s'épanouir sur un bas-fond où les eaux déposaient, comme dans un bassin de colmatage, les matières légères qu'elles apportaient; ces matières restaient là jusqu'à ce qu'une forte marée ou une succession de tempêtes finît par faire irruption à travers le cordon de galets.

Ce chenal s'agrandit vers le quinzième siècle et forma un petit port qui fut l'origine du Havre, bâti sur un coin des alluvions de la plaine de l'Heure. Sa fondation est donc relativement récente. La ville ne date réellement que de Louis XII; au dix-septième siècle, elle consistait uniquement dans le groupe de maisons des quartiers Notre-Dame et Saint-François. Ce fut François Iᵉʳ qui, sur un rapport de l'amiral Bonnivet, fit creuser le port pour remplacer celui de Harfleur, alors abandonné par la mer.

Une citadelle s'élevait sur l'emplacement du bassin de l'Heure; entre elle et la ville proprement dite, se trouvait un bassin qui porte aujourd'hui le nom de Vieux-Bassin.

Le canal de Harfleur fut creusé en 1666 pour assainir la plaine de l'Heure, entrecoupée de ruisseaux et de mares d'eau stagnante, qui s'étendaient jusque sous les murs de la ville. Ce canal rendait aussi à Harfleur une partie de sa prospérité compromise par les alluvions; on faisait à cette époque, pour ce port, ce qu'on fait aujourd'hui en creusant le canal de Tancarville pour assurer la navigation de la basse Seine.

L'importance du Havre vient surtout de sa position à l'embouchure du fleuve et de ce qu'il n'y a pas de bons ports sur toute cette côte où les alluvions détruisent les travaux les plus considérables.

La ville s'est étendue sur la plaine de l'Heure, qui mesure une surface de mille huit cents hectares et dont le niveau excède de quelques centimètres à peine la limite des hautes marées, quoiqu'elle présente en certains endroits des relèvements du sol à côté de parties plus basses, derniers témoignages des travaux accomplis par la mer dans les âges précédents. Les fouilles ont permis de constater la présence d'un banc de tourbe affleurant la laisse de basse mer. On y a rencontré des tronçons d'arbres, des pierres et des silex taillés, vestiges d'une station préhistorique.

Cette tourbe imperméable, empêchant l'absorption des eaux répandues sur le sol, transforma la plaine en un marécage pendant la dernière partie du moyen âge. Ce voisinage malsain produisit dans la ville naissante des épidémies de fièvres paludéennes. Elles disparurent avec l'extension des quartiers bas ; mais, au dire de personnes autorisées, il existe encore actuellement, pendant la saison chaude, des cas de fièvres paludéennes.

L'embouchure de la Seine, qui a une largeur de neuf kilomètres, doit les transformations rapides de ses rives au régime complexe des courants de la marée qui y pénètre et en sort continuellement. Examinons, d'après l'ingénieur Baude, les phénomènes qui se produisent dans le mouvement des cinquante millions de mètres cubes d'eau apportés à chaque marée.

La configuration de l'estuaire donnant des vitesses différentes aux courants de marée, il s'ensuit des retards qu'on peut ainsi expliquer : à l'heure de la « molle eau », la mer, descendue à son niveau le plus bas, laisse à découvert de longues grèves dont elle doit bientôt prendre possession. Au bout de quelques minutes d'immobilité, un frémissement imperceptible annonce que la marée de l'Atlantique entre dans la Manche.

Bientôt des ondulations puissantes élèvent rapidement le niveau du canal. Cette énergique propulsion marche parallèlement à l'équateur et le flot court du cap de Barfleur au cap d'Antifer. Au sud de la ligne qu'il trace, s'ouvre la baie de la Seine; couverte par la presqu'île du Cotentin, elle ne reçoit pas le vif mouvement de translation qui vient de l'Océan et, tant que les eaux de la Manche proprement dite s'élèvent, elles dominent celles de la baie; mais cet exhaussement ne peut avoir lieu sans qu'à l'instant même les eaux qui le produisent ne s'épanchent sur le plan inférieur qui leur est adjacent et n'en entraînent la masse fluide dans le mouvement.

A mesure que le flot marche vers l'est, il laisse couler ses eaux sur la pente latérale qui les sollicite et, quand il atteint la côte de Caux, au cap d'Antifer, il se divise en deux branches : celle du nord, obéissant à l'impulsion générale, suit la rive oblique qui la conduit vers Dieppe; celle du sud descend vers le Havre.

Dans ce mouvement, résultant de l'opposition des forces de l'attraction lunaire et de la pesanteur terrestre, la surface de la baie de la Seine forme un plan incliné dont l'arête supérieure se confond avec la ligne que décrit le flot, de Barfleur au cap d'Antifer, et dont l'arête inférieure s'appuie sur la côte de la basse Normandie.

Le courant direct suit une route plus longue en entrant dans l'estuaire : il contourne les rives de la baie. Il se présente donc à l'entrée en même temps que la marée commence à descendre ; il la soutient et retarde un peu l'heure de l'écoulement. Ce moment d'équilibre est l'*étale*. Elle ne dure que onze minutes ; à ce moment la hauteur de l'eau sur les bas-fonds de la rade est de huit mètres. L'étale, tout en diminuant, se soutient pendant trois heures, ce qui permet aux navires d'entrer et de sortir plus facilement, privilège que ne possède aucun port de la Manche. Pendant ce temps, la différence du niveau n'excède pas trente centimètres. Le flot entrant dans l'embouchure de la Seine passe d'une large baie à un chenal rétréci, où il rencontre le courant descendant. Il trouve ainsi, au lieu d'un plan incliné, un plan montant insensiblement. L'ondulation éprouve donc des ralentissements successifs en passant sur des profondeurs de moins en moins grandes.

Les eaux s'amoncellent dans un temps très court, formant une grosse lame, qui, à l'arrivée du flot, prenant subitement une hauteur d'un ou deux mètres, s'élance avec une vitesse effrayante dans l'embouchure. Sa vitesse est d'autant plus grande qu'elle coïncide avec l'arrivée d'une onde interférente de la marée. C'est le *mascaret*.

Le premier flot se précipite comme une immense cataracte, formant une vague roulante, et occupe toute la largeur du fleuve sur une hauteur qui atteint trois mètres aux grandes marées. Rien de plus majestueux que cette formidable lame si rapide en son mouvement. Dès qu'elle s'est brisée contre les quais de Quillebœuf, qu'elle inonde de ses rejaillissements ou « ételles », elle s'engage en remontant dans le lit plus étroit du fleuve, qui semble alors refluer vers sa source avec une grande rapidité.

Les navires vont au-devant, se laissent soulever par

Effet du mascaret à l'embouchure de la Seine.

l'immense vague et ne tardent pas à se trouver au milieu d'une mer démontée. Malheur à ceux qui sont échoués! Incapables de résister à l'assaut d'une vague aussi furieuse, ils sont coulés en quelques secondes.

Le phénomène atteint toute son intensité aux grandes marées de mars et de septembre, à Quillebœuf et à Caudebec. La masse d'eau glisse alors sur la surface de la rivière, s'avançant en cascades dont la concavité est tournée vers le milieu du fleuve, où elle fait l'effet d'une éclusée gigantesque sur le chenal rempli d'eau tranquille. Elle inonde les prairies ; elle les met « en fonte » et déracine les arbres sur son passage.

Les travaux exécutés dans ces derniers temps pour approfondir le chenal de la navigation ont fait, pendant quelques années, disparaître les effets du mascaret ; mais des bancs de sable s'étant déplacés par suite de ces travaux de canalisation, le mascaret se reproduisit comme par le passé ; sa violence s'est même accrue et il a fini, en 1860, par bouleverser tous les endiguements qui le contrariaient. En une marée, les dégâts se sont élevés à plusieurs millions.

La navigation de la Seine a toujours été dangereuse, à cause des bancs mobiles : une barre s'était formée près Villequier. De 1842 à 1847, cent quatre-vingt-quatre navires s'échouèrent sur la *traverse de Villequier*; il n'y avait à cet endroit que quarante centimètres d'eau à marée basse, tandis qu'on trouvait une profondeur de dix à douze mètres entre Villequier et Rouen.

On construisit une première digue en 1848, sur une longueur de huit mille quatre cents mètres, et ensuite une seconde de douze mille mètres sur la rive droite de Villequier. En août 1851, l'endiguement atteignait Quillebœuf.

Avant d'être ainsi régularisé, le chenal était variable ;

il fut ramené à une largeur uniforme de trois cents mètres avec une profondeur de cinq mètres en morte eau. Le succès paraissait complet : les digues avaient créé un courant artificiel, comme celui d'un canal, qui opérait automatiquement les déblais. Alors on continua la prolongation des digues jusqu'à la pointe de la Roque ; ce qui permit de transformer définitivement en prairies le marais Vernier, marécage dont les émanations pestilentielles avaient déjà été combattues sans efficacité sous Henri IV. On assainit ainsi mille hectares de relais du fleuve.

En 1867, tous ces dispendieux travaux étaient terminés ; les digues submersibles de Berville-sur-Mer complétaient ce gigantesque endiguement pour lequel on avait dépensé dix-sept millions. Une hauteur de sept mètres d'eau était assurée à la navigation et dix mille hectares de marécages étaient convertis en prairies.

Mais on avait compté, dans cette vaste entreprise, sans les caprices du régime des eaux dans l'estuaire ainsi changé par ces moyens artificiels. De nouveaux courants se produisirent ; ils ensablèrent les passes conduisant au Havre à partir du nouveau chenal. A marée basse, un fleuve artificiel coule entre les digues, entraînant toutes les vases amenées par la marée montante et rejetant ainsi tous les produits de ce dragage naturel à la sortie du chenal où il forme un banc qui s'accroît de jour en jour. La barre qui était à Villequier a été reportée entre Quillebœuf et le fanal de Courval.

On pensa que, pour remédier à cet effet fâcheux, il n'y avait qu'à prolonger les digues; en 1851, elles étaient amenées jusqu'à Port-Jérôme. Mais, là encore, une nouvelle barre se reforma à la sortie du chenal prolongé. D'autres digues furent encore créées, sans plus de réussite; la barre se reportait toujours à l'extrémité du chenal, au point où le courant de la marée descendante s'épanchait librement dans l'eau calme de l'estuaire et déposait les matériaux qu'il avait entraînés.

Cette barre est indispensable. Si, d'ailleurs, par un travail qui violenterait la nature, on arrivait à faire disparaître ce seuil, les eaux de la Seine, d'après la loi naturelle de la pesanteur, prendraient le niveau de la basse mer, et alors la Seine maritime se viderait comme les avant-ports du Havre et de Honfleur et deviendrait, à marée basse, un vaste port d'échouage; le remède serait alors pire que le mal. La barre joint donc à l'inconvénient de gêner la navigation l'avantage de retenir dans la partie supérieure les eaux sur une assez grande hauteur.

Par suite, les ingénieurs se trouvent en présence d'un dilemme: si l'on prolonge les digues, on crée des atterrissements qui finiront, avant un siècle, par ensabler notre premier port de la Manche; si l'on n'améliore pas la Seine maritime, Rouen cessera d'être favorisé. De là une hostilité entre les administrations de ces deux ports rivaux.

Afin de satisfaire ces exigences inconciliables, on a

entrepris le creusement du canal de Tancarville sur la rive droite de la Seine. Passant à travers la plaine d'alluvions, il conduira les navires qui remontent à Rouen jusqu'au point où les échouages sur les bancs de l'embouchure ne sont plus à craindre. La navigation de l'estuaire est ainsi remplacée par un canal à grande section.

Pendant ces dernières années, des changements importants ont été la conséquence directe des obstacles qu'on a opposés aux forces naturelles : les contours de la baie ont été modifiés et le volume d'eau introduit à chaque marée a diminué. Les fonds des abords du Havre ne se sont pas maintenus. Les études les plus récente sont démontré que la masse des alluvions, en 1883, dépassait toutes les prévisions : les dépôts accumulés dans le courant de l'année s'élèvent à la masse énorme de un million cent quarante-quatre mille mètres cubes.

Si l'envasement continue, l'avenir du Havre est sérieusement compromis : ses deux ennemis, les galets de la Hève et les alluvions de la Seine, le rendront impraticable.

L'observateur qui se tient sur la jetée du Havre, au moment de la marée basse, peut juger des transformations que les marées opèrent à l'entrée de la baie de la Seine. Quand les eaux se retirent, elles laissent à découvert un petit perrey, nommé le *Poulier du sud*. Il est formé des relais les plus légers, c'est-à-dire le sable et la vase. Le galet, trop lourd pour franchir le courant qui agit constamment, soit dans un sens, soit dans un autre, par suite de l'entrée et de la sortie des eaux dans la passe, et qui reste permanent, se dépose sur la plage au nord des jetées.

Le Poulier, fréquenté à marée basse par les pêcheurs d'*équilles*, constitue un véritable danger pour les navires d'un fort tirant d'eau; bien des sinistres y ont été enregistrés, malgré le balisage indiquant la limite de ce banc malencontreux; un changement subit du vent, une fausse manœuvre, la mauvaise interprétation d'un signal, suffisent pour y jeter un navire.

Le chenal n'est entretenu entre les jetées que par les écluses de chasse; mais, si bien dirigé que soit ce courant artificiel, il n'entraîne pas le galet, qu'il faut enlever à la drague et qui, roulant plus loin que le Poulier, va former le banc des Petites-Buttes.

Les empiétements du galet et des alluvions, qui semblent conjurer la ruine du Havre, ont exercé la sagacité des ingénieurs; depuis le commencement du siècle, ils dressent des plans qui peuvent se classer en deux catégories : ceux relatifs à l'entrée du nord et ceux relatifs à l'entrée du sud : deux espèces de projets dont les partisans, plus soucieux d'intérêts privés que de ceux du port, sont incessamment en contradiction.

Pendant qu'on discute ainsi, la mer travaille, avec l'ampleur qui caractérise toutes les œuvres de la nature; elle poursuit une œuvre contre laquelle les hommes finiront par se déclarer impuissants.

On a proposé de sauvegarder le port en construisant, sur les bas-fonds de la rade, une digue qui formerait un immense avant-port. Mais ce projet, séduisant en apparence, ne répondrait peut-être pas lui-même au but proposé : car il pourrait modifier encore le régime des courants, de façon que le remède serait pire que le mal.

VII

LE COTENTIN ET LA BASSE NORMANDIE

Comme le Havre, son voisin Honfleur a eu son port envasé depuis le moyen âge. D'anciennes chartes, remontant à 1517, disent qu'il a fallu recourir à l'enlèvement des vases pour le conserver.

Colbert avait porté son attention sur Honfleur ; il voulut y créer un établissement maritime de premier ordre et y envoya à cet effet, en 1639, une commission hydrographique, dont le rapport aboutit à une conclusion négative : l'entrée du port présentait des difficultés insurmontables.

A l'ouest de Honfleur se développe la riante côte de Grâce, aux sites pittoresques bien connus des touristes, mais qui est redoutée des navigateurs à cause des bancs de sable vasard, élevés par les apports mélangés de la baie de la Seine et de la côte du Calvados. Ces matériaux ont aussi constitué une série de dunes entre les embouchures de l'Orne et de la Touques ; le travail de la mer a distribué les sables sur les vastes plages de Trouville et du Calvados, les vases dans l'embouchure de la Seine.

A l'origine, la mer venait baigner le pied des coteaux de Trouville et de Deauville ; mais l'apport incessant des sables a produit, dans l'espace de quarante à cinquante ans, un recul assez considérable de la mer. Avec le temps, d'immenses relais s'étendront entre la ville et la mer.

La petite rivière de la Touques a subi l'influence désastreuse de ces sables. Elle servait de port au moyen âge. On sait en effet qu'en 1066 une des divisions de la flotte de Guillaume le Conquérant stationna dans l'anse qui est aujourd'hui remplacée par des dunes, et que Henri V, roi d'Angleterre, y débarqua en 1417. La Touques se jetait alors dans la mer, à une distance de trois kilomètres de son embouchure actuelle.

Les mêmes phénomènes se produisent à l'embouchure de l'Orne, où s'engouffrent tous les sables enlevés aux plages de Trouville, de Beuzeval, de Cabourg ; les vents du nord les agitent tellement qu'il faudrait, pour être exact, refaire les cartes hydrographiques plusieurs fois chaque hiver. En une seule marée le chenal se trouve déplacé.

A l'embouchure de l'Orne, la pointe du Siège s'allonge ou se raccourcit à chaque marée, suivant le sens des courants. Il en résulte que, malgré les travaux de protection, l'embouchure étant impraticable pour la navigation, on a abandonné le chenal, pour creuser un canal direct de Caen à la mer, aboutissant à Ouistreham.

Toutes ces côtes sont protégées par un rempart de rochers parallèle au rivage, les rochers du Calvados,

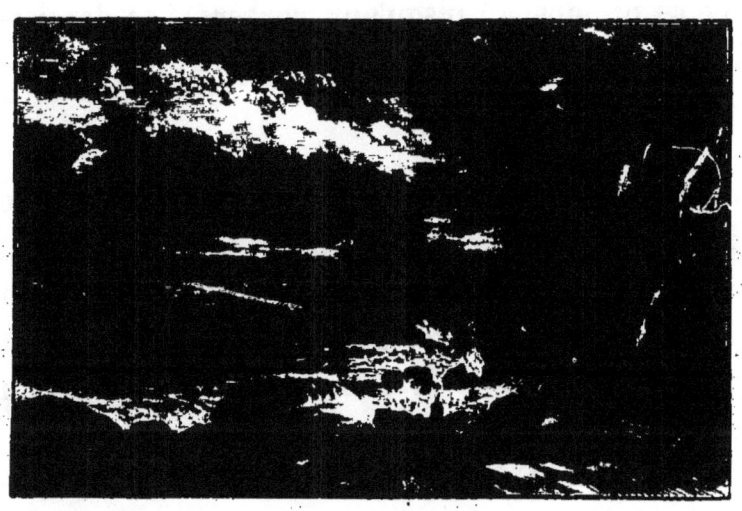

Les rochers du Lion (Calvados).

auxquels le département doit son nom. Ces dangereux écueils à fleur d'eau paraissent être les derniers vestiges des anciennes plages de la basse Normandie. Ils sont composés d'une roche plus résistante que les assises calcaires au pied desquelles la mer s'arrête actuellement.

Les rochers du Calvados proprement dits se dressent en face d'Arromanches ; c'est là que, suivant la tradition, un des navires de l'invincible *Armada, le Salvador,* est venu se briser ; Salvador serait devenu Calvados, par corruption. Les autres rochers de la côte portent les noms de : roches du Lion, Quihot, Essaits de Langrune, îles de Bernières.

Entre cette ligne de rochers et la côte, on a retrouvé dans les sables des fragments de bois appartenant à une ancienne forêt. Cette découverte confirmerait l'idée que la côte se prolongeait jusqu'aux rochers. Ces derniers témoins du sol disparu se rencontrent en grand nombre dans tous ces parages.

La mer a détruit les derniers remparts de la côte composés d'un calcaire coquillier, et leurs débris ont obstrué toutes les anciennes sinuosités qui pouvaient servir d'abri. Suivant Ptolémée, il y aurait eu un port important à l'entrée de la Touques, ou de la Rille, ou de la Seulles. Ce port, cité par le plus ancien des géographes, est probablement celui où Guillaume le Conquérant réunit toute sa flotte, montée par soixante mille hommes d'armes et composée de sept cents navires « à grande voilure ». Depuis, des modifications considérables ont eu lieu dans la côte, et les apports de sable compromirent le port ; car un arrêt de 1691 obligeait les riverains du chenal à en opérer les déblais.

Il existait encore au dix-septième siècle un petit port à Bernières, sur l'emplacement de la plage actuelle, laquelle attire tous les ans une foule de baigneurs ; on a retrouvé un ancien rapport de commissaires-hydrographes envoyés par Richelieu pour examiner l'état de ce port. A cette époque, la Seulles formait à cet endroit un petit havre protégé par une pointe de sable ; aujourd'hui, on chercherait en vain des traces de port.

La même observation peut en partie s'appliquer à Port-en-Bessin, que l'histoire mentionne à partir du neuvième siècle. L'évêque de Bayeux, au quinzième siècle, y fit creuser un bassin et construire des jetées ; mais une série de tempêtes ou la négligence de l'administration achevèrent de le combler avec des sables et des galets.

Depuis Arromanches jusqu'aux roches de Grand-Camp, l'aspect de la côte n'est plus le même : les pentes faiblement ondulées des collines, dont le pied baigne dans la mer, se changent en falaises couronnées de créneaux découpés dans une masse calcaire de soixante à soixante-dix mètres de hauteur.

A côté de Port-en-Bessin, la roche laisse échapper des sources jaillissantes, formées en partie par les eaux engouffrées des petites rivières de la Dromme et de l'Aure. Les eaux de ces deux rivières se perdent en effet sous terre dans les fosses du Soucy ; une partie forme l'Aure inférieure, qui se jette dans la mer à Isigny, tandis que l'autre, après un parcours souterrain de trois kilomètres, reparaît au pied des falaises de Port-en-Bessin, près du pont et en dehors sur le rivage. Mais, comme le niveau de l'Aure est plus élevé, à son point de disparition, que celui de la mer, elle rejaillit comme d'un siphon sur les galets de la plage.

Les falaises de cette côte, composées de couches horizontales disparates, sont sujettes à de nombreux glissements. Le banc d'argile de la base est surmonté d'un banc de calcaire tendre de vingt mètres d'épaisseur; cette argile est soumise, par sa nature et par sa position, aux infiltrations des eaux marines, ainsi qu'aux suintements de la rivière d'Aure. Ce lavage des parties molles de la couche d'argile détache les assises du terrain sur une grande étendue; leur inclinaison, favorable aux infiltrations, forme un plan naturel de glissement pour la partie supérieure : dès que l'équilibre est rompu, la falaise s'ébranle et s'écroule avec fracas sur la grève, où rien n'arrête son mouvement.

Ce phénomène a dû se produire depuis les temps préhistoriques et il se produira encore jusqu'à ce que tout le sol ait été absorbé. On a noté plus particulièrement l'effondrement de 1859, qui a dévoré une bande de terrain de vingt à vingt-cinq mètres de largeur sur un kilomètre de longueur. Le glissement amena, sur la plage même, des soulèvements parallèles à la falaise, qui formèrent des bourrelets parfaitement réguliers et en ligne droite, comme s'ils eussent été faits de main d'homme.

Ces bourrelets se retrouvent jusque dans la mer; le sol s'est plissé sous une étreinte gigantesque qui s'est répétée à plusieurs reprises; des sondages exécutés avec précision l'ont démontré.

Les mêmes évolutions du sol se retrouvent partout

sur cette côte ; elles présentent souvent, outre un intérêt géologique, un certain attrait de beauté pittoresque. Il existe dans ces bancs des solutions de continuité de la couche sur laquelle s'opère le mouvement de glissement ; là se trouvent des parties de terrain plus compact qui ont fourni un point d'appui stable à certains blocs restés immobiles au milieu de l'effondrement. Deux d'entre eux sont connus dans le pays sous le nom de *Demoiselles de Fontenailles*, nom légendaire expliqué par une vieille tradition locale.

Ce sont deux piliers isolés au milieu de la plage, dont la base est baignée à chaque marée ; les vagues ont tellement rongé leurs pieds que, pour conserver ces curieux monuments naturels, les habitants ont fait les frais d'une consolidation en maçonnerie, leur assurant ainsi encore bien des années d'existence.

Toute la région du Cotentin est une presqu'île coupée par l'isthme qui joint le bassin de la petite rivière d'Ay, sur la côte ouest, avec la plaine marécageuse de la Taute et les grèves de la baie de Carentan.

Cette baie, de huit kilomètres de largeur, n'est effectivement qu'une grève de sable immense, où se développent les plages de la Ravine, du Grand-Vey et de la Madeleine, qui s'étendent à l'ouest du plateau des roches de Grand-Camp, commun aux deux départements de la Manche et du Calvados.

Les gracieuses petites rivières de la Vire et de la Taute, après avoir traversé les humides prairies de Carentan, perdent leurs eaux dans des sables que seules les marées un peu fortes recouvrent d'une nappe d'eau de quelques centimètres de hauteur.

Cette baie, couverte aujourd'hui d'une si mince nappe d'eau, était autrefois un golfe plus considérable ; les navires pouvaient se réfugier à l'endroit où maintenant les barques de pêche peuvent à peine venir s'échouer. Elle a subi le même sort que toutes les criques de la côte, qui ont été comblées par les matériaux arrachés aux falaises et distribués selon les lois merveilleuses de la densité.

On suppose que la baie fut d'abord fermée par un cordon de dunes; puis, ce cordon disparaissant, rien n'arrêta plus les matériaux qui pouvaient la combler. La conséquence de cette transformation fut la submersion des prairies du fond de la baie. Ces prairies sont presque au niveau de la mer ; si bien que, sans le secours d'une canalisation qui intercepte et règle l'admission des eaux, suivant un système de desséchement commencé au quatorzième siècle, les fortes marées pourraient reconquérir leur ancien domaine.

Toute cette vaste plaine sablonneuse, à peine mouillée par les eaux marines, subit cependant l'influence des tempêtes. La marée, contrariée par le vent, bouleverse les sables et change le chenal des petits cours d'eau de la Taute ou de la Dauve.

Afin d'assurer un tirant d'eau suffisant aux plus modestes bateaux, on a régularisé le chenal de Carentan en l'établissant au niveau des pleines mers sur une longueur de huit kilomètres à partir du port. Ce chenal était plus profond aux époques précédentes : car, au dix-septième siècle, les bateaux de cent tonneaux pouvaient le remonter jusque sous les murs d'Isigny, et on n'avait pas encore besoin de le conserver par des moyens artificiels; les courants de la Taute et de la Dauve suffisaient à prévenir les ensablements.

Aujourd'hui, ce qui subsiste de cet estuaire transformé en un désert de sable est accaparé par la culture, grâce à des renclôtures de grèves; l'homme termine ainsi l'œuvre commencée par la nature

Mais ces conquêtes relativement faciles des relais de mer, changeant le système de l'écoulement des marées, ont aussi changé l'estuaire. Ainsi les renclôtures faites au sud du Grand-Vey ont rejeté le chenal au sud-est; il est devenu même tellement mobile, qu'il change à chaque ouragan.

En exécutant des fouilles dans le sable, ou *tangue* (comme on le dénomme dans le pays), des bancs de la Madeleine et de la Ravine, on a extrait de nombreux troncs d'arbres fossiles couchés sur un ancien banc de tourbe sous-jacent. En étendant les recherches, on a remarqué que tous ces arbres avaient été couchés dans le même sens, leurs branches tournées du côté de la terre : ce détail indique bien l'action combinée des eaux qui affouillaient les racines avec le vent du large qui poussait les troncs et les branches.

Les grèves de cette vaste baie restant découvertes un temps assez long pendant chaque marée, on peut franchir à pied sec la distance de sept kilomètres qui sépare Saint-Clément et le Grand-Vey.

Ce passage existait déjà à l'époque romaine, où la baie des Veys paraissait jouir d'une certaine importance stratégique : le château fort d'Osmanville, aujourd'hui détruit, occupait la place d'un autre fort romain destiné à surveiller le passage soit en bateau par le Petit-Vey, soit à pied sec par la Nef-du-Pas, près de Neuilly.

En outre, le gué de Saint-Clément correspondait à une voie romaine, dont les traces sont encore reconnaissables ; elle suivait la ligne tracée entre l'église de Saint-Clément et le village actuel du Grand-Vey, suivant laquelle on franchissait les Grandes-Grèves, par les gués d'Isigny, de la Vire, du Brévand et de Carentan.

La ville de Carentan fut fondée, suivant la tradition, par un lieutenant de l'armée de Jules César, opinion justifiée jusqu'à un certain point par la découverte de débris de l'époque romaine et par la situation de cette place, qui lui permet de commander la péninsule du Cotentin.

A la pointe de cette péninsule s'élève le cap de la Hougue, surmonté du phare de ce nom. Il est voisin du port de Saint-Wast, défendu par l'île fortifiée de Tatihou. Ce port est situé au milieu de grèves, d'où les pêcheurs d'huîtres ont plusieurs fois ramené dans leurs filets des troncs d'arbres entiers : sur les uns, on distinguait encore l'aubier et l'écorce ; les autres, plus profondément ensevelis, étaient pétrifiés et couverts de mollusques.

A partir de la pointe de la Hougue, les grèves dis-

La pointe de la Hougue.

paraissent pour faire place à des rivages parsemés d'écueils ; puis, inclinant rapidement vers l'ouest, elles forment la pointe de Barfleur, consistant en un îlot relié à la côte par une chaussée qui sert au service du phare auquel cet îlot sert de base. Ce phare, qui s'élève à soixante-dix mètres de hauteur, domine le passage si fréquenté par les navires de toutes les nations et les empêche de se jeter sur le rocher de Quillebœuf, où vint se briser la *Blanche-Nef*.

Entre la pointe de Barfleur et le cap de la Hougue, à l'extrémité du Cotentin, la côte forme une découpure en arc de cercle, au fond de laquelle se déploie la magnifique rade de Cherbourg, comme une sentinelle avancée à l'entrée de la Manche. La nature avait fait peu pour le port; la main de l'homme fit tout. La digue de Cherbourg, qui a trois mille sept cent quatre-vingts mètres de long, fondée à vingt mètres de profondeur, est le plus grand monument du génie maritime sur les côtes de la Manche.

Au cap de la Hougue, la grande pulsation des marées de l'Atlantique se fait sentir avec un violent fracas. Divisés par les îles de Jersey, les courants de marée s'enchevêtrent d'une telle façon que leur réseau inextricable échappe aux marins qui connaissent le mieux la côte. Quand les vents se mêlent à ce bouleversement, les navires, déviés de leur route, sont infailliblement perdus.

Aux rochers du Houffet, les feux « de marée », comme disent les matelots, atteignent la vitesse de seize kilomètres à l'heure; l'eau bouillonne dans le raz de Blanchard, au milieu des écueils que domine le Nez-de-Jobourg, promontoire de schistes calcaires élevé de cent vingt-huit mètres.

A l'ouest de Granville s'étend l'archipel des îles Chaussey, dont l'extrémité orientale est à cinq milles de distance de la terre ferme; cet amas de rochers a sept milles de longueur sur trois de largeur. Il se compose d'une vingtaine d'îlots plus ou moins élevés et d'un nombre considérable de rochers, dont la plupart sont réunis entre eux par des fonds de sable et de vase qui se découvrent à marée basse.

Cet archipel est divisé en deux parties par le Sound, coupure profonde entre les rochers, à l'extrémité de laquelle les navires peuvent mouiller avec l'aide d'un pilote expérimenté. La Grande-Ile seule est habitée; elle a environ un kilomètre et demi dans sa plus grande longueur. On y trouve un phare, une ferme, les ruines d'un ancien fort et des cabanes habitées soit par des carriers qui extraient le granit, ou des pêcheurs dont les bateaux s'échouent sur les posées du Sound.

L'ensemble de ces noirs rochers, qui dressent leurs têtes menaçantes à travers l'écume blanchissante des vagues, étale à marée basse un tapis verdoyant de zoostères, que vont recueillir les pêcheurs de varech. Ces humbles et laborieux habitants ont remplacé les naufrageurs ou pilleurs d'épaves, aventuriers des siècles précédents, dont l'unique occupation était de tromper les navires par de faux feux qu'ils allumaient dans les nuits de tempête.

On rencontre sur la Grande-Ile des sources d'eau douce de bonne qualité : fait d'autant plus surprenant que la grande distance qui sépare les îles du continent semble exclure un siphonnement dans les couches perméables. Cette eau ne pourrait pas non plus provenir uniquement des pluies recueillies sur les rochers.

D'autres plateaux de roches inhabitables, et redoutables pour les navigateurs, s'étendent dans le golfe normano-breton : les Minquiers, situés entre Jersey et la côte de France, présentent un amas tellement confus de hauts-fonds et de roches plus ou moins élevées au-dessus des basses mers, qu'il n'est pas possible aux plus petits navires de trouver un chenal dans l'espace considérable qu'il embrasse. Il y a cependant des barques de pêche dont les patrons audacieux ne craignent pas de traverser ces dangereux récifs, lorsqu'ils jugent que les roches sont couvertes d'une quantité d'eau suffisante pour que le bateau passe sur leurs sommets. Les courants s'y font sentir avec une violence extrême ; ce qui permet de regarder à peu près comme certain le naufrage de tout bâtiment qui, par suite d'erreur, se trouverait imprudemment engagé sur ce plateau.

Ces dangereux archipels ont été souvent témoins des chasses données au *smugglers*, ou bateaux de contrebande, qui cherchent à débarquer en France des marchandises prohibées. Pour échapper à la poursuite, ces hardis contrebandiers se dérobent par une manœuvre qu'on nomme *faire l'anguille*, qui consiste à attirer ceux qui les poursuivent dans un dédale d'écueils bien connus d'eux ; grâce à leur faible tirant d'eau, ils peuvent le franchir avec un pilote expérimenté, mais le navire qui leur donne la chasse s'y brise infailliblement.

Phare des roches Corbières, près Jersey. (Vue à marée basse.)

Ces côtes hérissées de rochers aigus conservent le caractère d'un cataclysme ou de commotions successives et violentes. Elles ont été aussi soumises à des périodes alternatives de soulèvements et d'affaissements. A Vauville, on voit une plage surélevée à l'entrée d'un vallon ; elle consiste en un amas de galets accumulés sur une hauteur de sept mètres au-dessus des hautes mers. Aux fortes marées, les vagues, sapant la base de cet amas de pierres roulées, éboulent ces galets accumulés peut-être avant l'apparition de l'homme sur la terre et les mêlent avec ceux de la plage actuelle.

Ces particularités géologiques se retrouvent fréquemment sur cette côte, qui porte de nombreuses empreintes des invasions de la mer à des niveaux différents. La tradition mentionne même un affaissement de tout le golfe normano-breton.

Une carte des envahissements de la mer, d'après un ancien titre provenant des archives de l'abbaye du Mont-Saint-Michel et remontant à 1406, a été retrouvée en lambeaux en 1714 par Deschamps-Vadeville et reconstituée par lui ; elle indique une configuration toute différente de celle que nous voyons actuellement : Jersey forme un plateau plus étendu ; les Minquiers et les îles Chaussey paraissent occuper un espace plus important qu'aujourd'hui.

Quoique l'exactitude en ait été contestée, car au moyen âge les géographes étaient moins scrupuleux que fantaisistes, cette carte exprime cependant une vérité. Il a suffi aux annalistes du mont Saint-Michel de s'appuyer sur quelque tradition, reposant seulement sur des écrits anciens et relatant par exemple que Jersey, quelques siècles auparavant, était beaucoup plus rapprochée du continent, pour construire d'après cette simple donnée toute une ligne de côtes qui auraient émergé à la même époque.

Quoi qu'il en soit, la tradition locale qui confirme la submersion lente de la côte occidentale du Cotentin est toujours vivace chez les habitants du pays; on la retrouve dans les anciennes histoires de Jersey et dans les chartes du diocèse de Coutances. Au temps de saint Lô, mort au sixième siècle, Jersey n'aurait été séparée du continent que par un simple ruisseau au moment de la marée basse.

Mais cette opinion ne repose que sur une vieille charte portant que les habitants de l'île devaient fournir une planche à l'archidiacre quand il allait remplir les devoirs de son ministère sur le continent; cette tradition peut aussi n'être prise qu'au figuré, dans un sens tout symbolique.

Actuellement il y a, au point indiqué par elle, une hauteur de trois mètres à marée basse.

Ces rivages ont subi partout des changements dus à la violence des courants, qui ont amené sur toute la partie du Cotentin exposée aux fureurs des vents d'ouest des sables abondants. Ceux-ci se sont étalés sur

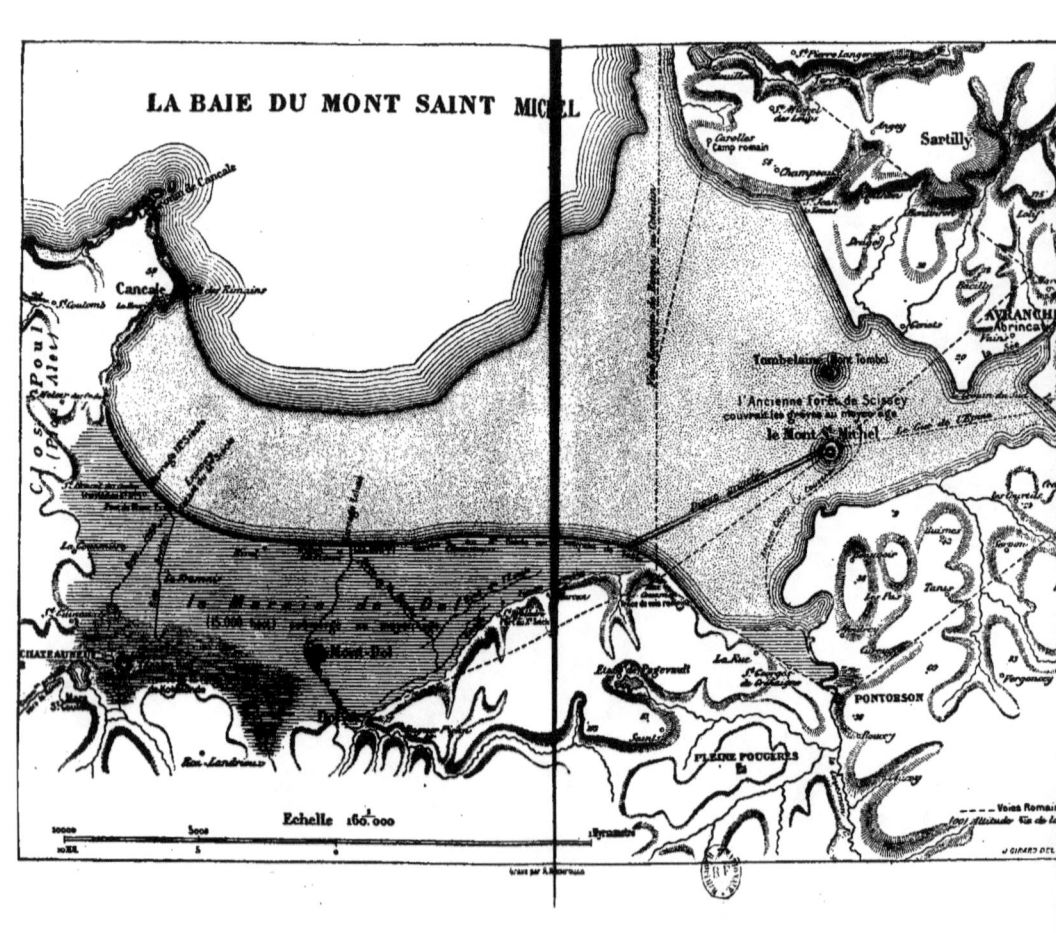

des grèves, dont la largeur atteint jusqu'à quatre kilomètres.

Tous ces rivages ont une ceinture de dunes logées dans toutes les cavités favorables à leur développement; ce sont les *Mielles* du Cotentin, qui souvent pénètrent dans l'intérieur. Elles sont couvertes d'une végétation tout au plus suffisante pour servir de pâturage à des moutons de petite race, mais d'une chair succulente. Quel-

Mielles du Cotentin.

quefois ces terres salées sont cultivées en jardins maraîchers, dont la fertilité est remarquable.

De temps en temps, la ligne des côtes est interrompue par des criques profondes et étroites desquelles on extrait la tangue, sable de mer mélangé de carbonate de chaux; employée en engrais, la tangue donne aux terres schisteuses une fertilité remarquable.

Le Cotentin était habité à l'époque romaine : car la Table de Peutinger signale une voie allant de Rennes à Coutances, en passant par Roz-sur-Couesnon, et à cet endroit, des vestiges de ce travail ont été mis à jour dans ces derniers temps. Cette voie traversait des localités dont les noms n'ont pu être identifiés avec ceux d'aucun village existant. On en a conclu que les étapes de cette voie avaient disparu, soit absorbées par les progrès de la mer, soit ensevelies sous les mielles.

VIII

LA BAIE DU MONT-SAINT-MICHEL

La configuration du golfe normano-breton présente des différences sensibles avec l'état indiqué par l'ancien géographe Ptolémée. Les rives de ce golfe, basses et accessibles aux grandes marées, ont été totalement submergées.

Cette submersion est indiquée par l'existence d'anciennes forêts sous-marines qu'on a découvertes sur plusieurs points. En fouillant les sables à l'heure de basse mer, pendant les marées d'équinoxe, on a exhumé des souches d'arbres, à Bréhel, à Bricqueville, enfin sur tous les points de la baie où l'on extrait de la tangue. Ces sortes de chronographes géologiques fournissent des points de repère pour constater les envahissements de la mer. Cela concorde avec une tradition locale qui veut qu'on continue de payer les fermages de terres absorbées par la mer depuis le moyen âge. D'anciennes chartes établissent aussi qu'à Jersey, on conduisait les animaux au pâturage dans les forêts de Saint-Ouen, de Sainte-Brelade et de Saint-Aubin ; à ces endroits, le sol est aujourd'hui recouvert de dix mètres d'eau à marée haute.

La baie du Mont-Saint-Michel proprement dite est formée par l'extrémité sud-ouest du golfe. Quand la mer se retire, elle laisse à découvert une surface de deux cent cinquante kilomètres carrés. Cet espace est une plaine de sable blanchâtre, dont l'aspect désert contraste d'autant mieux avec les rives verdoyantes de la Bretagne et de la Normandie.

Ce sable (ou tangue) est produit par les débris des roches granitiques arrachés aux côtes bretonnes, triés et choisis par les mouvements des eaux d'après leur pesanteur relative. Il résulte de ce triage naturel une répartition en zones de hauteur variable : les matières les plus légères sont déposées au fond des baies où les eaux sont faiblement agitées ; les plus lourdes s'étendent en cordons, comme les galets sur les rivages où la mer brise.

Cet immense désert de sable, à sec la plus grande partie de la journée et recouvert ainsi d'un tapis grisâtre, serait d'une monotonie attristante et fatiguerait l'œil, sans la richesse et la diversité des plages qui l'encadrent de leurs sites pittoresques ; les ondulations des lames y tracent de légers et nombreux sillons, dé-

Le mont Saint-Michel (face sud).

signés sous le nom de *paumelles*, et qui ressemblent parfaitement à une mer clapoteuse qu'un froid rigoureux aurait subitement saisie.

Les dangers qu'offrent ces grèves tiennent à leur nature propre. La mer, à certains moments, y roule sa barre avec tant de rapidité que l'imprudent qui s'y laisserait surprendre par l'heure du flux lutterait vainement contre le flot. En vain croirait-il à une sécurité trompeuse en voyant qu'en sa fuite précipitée il gagne quelque distance sur l'étendue que les lames ont à parcourir. La mer, à laquelle les lits des rivières offrent des canaux naturels, franchissant bientôt les parties plus basses de la rivière, coupe la retraite au fuyard, l'enveloppe et n'offre bientôt plus à ses yeux qu'une immense plaine liquide.

La nature du sous-sol des grèves présente d'autres dangers. Les couches inférieures de cette marne sont composées de matières organiques, liquéfiées par la stagnation des eaux. La couche supérieure résiste un peu sous les pas comme un épais tapis étendu sur l'eau ou sur le vide; quelquefois elle cède, et l'on ne tarde pas à être victime de l'*enlisement*. Il existe plus d'un exemple d'imprudents touristes et même de chevaux et de voitures qui ont disparu dans les boues.

C'est surtout au passage des rivières que la tangue présente ici de grands dangers. Après les ouragans, la tangue, déplacée par l'action convulsive des lames, n'ayant pas le temps de s'affermir, offre par endroits des fossés remplis d'une fange liquide qu'on ne peut facilement distinguer.

Il y a encore une autre cause de péril : les brouillards. Au printemps et à l'automne, les brumes sont tellement épaisses, sur cette vaste étendue de sable, que le voyageur perd de vue le compagnon dont il entend cependant la voix. Le seul moyen de salut est alors de distinguer sur le sable les légères ravines dont l'écoulement des eaux veine la surface de la tangue et de s'avancer en sens contraire à leur courant.

Ce péril est rare. Mais bien des malheureux, qui n'ont pas trouvé une sépulture dans la vase et ne sont pas restés enveloppés dans le suaire des brouillards, ont été ensevelis dans la mer.

La marée, en effet, se retire à plus de dix kilomètres de la limite qu'elle atteint aux hautes mers. A son retour, elle se précipite avec une impétuosité égale à celle d'un cheval lancé au galop, et s'élève à une hauteur de quinze mètres, hauteur qui n'est surpassée sur aucun autre point des côtes occidentales de la France. Elle pénètre alors jusque dans les estuaires du Couesnon, de la Sée et de la Sélune, dont le cour capricieux se confond avec les grèves, aux heures de la basse mer.

Au milieu de la plaine maritime se dresse le mont Saint-Michel, s'élevant à la hauteur de cent vingt-deux mètres, et surmonté de sa magnifique abbaye du treizième siècle, hérissée de flèches majestueuses. A côté, on voit le rocher de Tombelaine, simplement revêtu d'une couche de gazon.

Connu des Romains sous le nom de *mons Jovis* (montagne de Jupiter), le mont Saint-Michel aurait été situé en terre ferme, aux temps de la conquête romaine ; ou, du moins, il aurait été dans une position d'un accès relativement facile jusqu'au douzième siècle. Les constructions qui le surmontent auraient été commencées au septième siècle.

Les progrès de la mer n'auraient été sensibles qu'à partir du cinquième ou du sixième siècle, car dans les anciennes chartes du treizième siècle on lit qu'alors tout autour n'y avait que « mer et arène ». Son isolement au milieu des grèves est encore confirmé par la désignation de Mont-Saint-Michel « en péril de mer ». Quoique nulle indication précise n'ait été laissée sur sa position exacte, il paraît peu probable qu'on ait fondé un monastère dans un site inaccessible.

Une ancienne tradition, confirmée par la découverte de troncs d'arbres fossiles, rapporte que le Mont était, au moyen âge, entouré d'une forêt, la forêt de Scissy (*Setiacum Nemus*). L'existence de cette forêt est mise hors de doute par les témoignages probants qu'on a trouvés dans les sables, c'est-à-dire des débris d'arbres en quantité suffisante pour avoir été l'objet d'une exploitation régulière jusqu'en 1828.

D'après l'abbé Rouhaut, commentateur de la *Vie des*

Saints, la forêt de Scissy aurait donné asile, vers le sixième siècle, à de nombreuses huttes d'ermites ; elle se serait alors étendue sur les grèves, à la place du marais de Dol. Il y a encore ici une difficulté d'interprétation, car cette forêt changeait de nom à son extrémité orientale : elle s'appelait Koquelonde. On a cherché aussi à identifier le nom d' « îles Chaussey » avec celui de *Setiacum*,[1] ce qui amènerait à conclure que ce petit archipel aurait aussi fait partie du continent.

Les nombreux écrivains qui se sont occupés du Mont-Saint-Michel ont tous, d'après les manuscrits de l'abbaye, parlé sans plus de fondement du cataclysme de 709 ; l'existence de cette marée extraordinaire, si complaisante pour servir à la démonstration des perturbations arrivées sur toute cette côte, n'a jamais été parfaitement prouvée.

Les mouvements de la mer étaient alors soumis aux mêmes lois qu'aujourd'hui ; si nous voyons des tempêtes exceptionnelles franchir les limites ordinaires du flot quand elles sont favorisées par des vents impétueux, si nous les voyons inonder les terres basses dans quelques localités particulièrement situées, nous pouvons en conclure que les efforts répétés pendant des siècles peuvent modifier les côtes ; mais l'inondation d'un pays tout entier par un raz de marée est un phénomène sans précédent sur nos côtes.

L'existence de cette marée, aussi fatale qu'extraordinaire, est plus une idée ingénieuse qu'un fait réel ; cette erreur a été accréditée par des auteurs qui ont moins considéré l'étude du sol qu'une légende apocryphe.

C'est donc plus vraisemblablement dans les effets d'érosion ordinaire, compliqués peut-être d'un affaissement lent du sol, qu'il faut rechercher la cause de la submersion graduelle des environs du Mont-Saint-Michel. Il faudrait aussi faire intervenir le remaniement des sables par les tempêtes qui ont changé la planimétrie des grèves, modifiée également par l'extraction séculaire de la tangue ; c'est ainsi qu'a pu pénétrer dans la baie un volume d'eau de plus en plus considérable.

A l'époque de la conquête des Gaules, les grèves étaient traversées par des voies romaines, dont on a retrouvé les traces à La Rue, à l'Hôpital et même jusque sous les murs du Mont. A La Rue, la voie de Rennes à Coutances quittait la terre ferme pour s'engager dans la forêt ou les marais. Plus tard, cette voie, modifiée par les empiétements de la mer, fut reportée sous les murs du Mont et, plus tard encore, au Gué de l'Épine, hameau par lequel on commençait l'ascension de la colline au sommet de laquelle est située Avranches.

Les voies romaines ont indubitablement été établies dans le principe sur un sol résistant ; ce qui apporterait un témoignage en faveur de la situation primitive du Mont en terre ferme.

On a entrepris dans ces dernières années des travaux de renclôtures de grèves qui ont changé le mouvement des eaux aux environs du Mont. Les tendances utilitaires de l'époque semblent préparer sa réunion à la terre ferme; la chaussée existe déjà; on se propose même d'établir un chemin de fer, qui harmoniserait mal ce glorieux reste du moyen âge avec les grands horizons qui l'encadrent.

Les travaux des ingénieurs ont eu pour conséquence directe de provoquer des affouillements autour des vieux remparts; il en résulte que les fondations sont compromises, que les murs de la Tour du Roi et de la Tour de l'Escadre se sont crevassés. Le vieux monastère semble ainsi protester contre les travaux qui veulent le déparer.

Aux temps anciens, la baie avait des proportions encore plus vastes qu'aujourd'hui, puisqu'elle s'étendait jusqu'aux dernières pentes des collines du fond du golfe. Elle comprenait tout l'espace compris sous le nom de « marais de Dol », au milieu duquel s'élevait le mont Dol, haut de soixante-cinq mètres, et qui possède encore cette particularité d'avoir à son sommet une fontaine intarissable.

Au sixième siècle, il était entouré de bois et de marais comme les rochers voisins du Mont-Saint-Michel et de Tombelaine. Ces trois éminences sont considérées comme les débris d'une région de terre ferme qui aurait réuni la Bretagne au Cotentin.

Le sol du marais de Dol renferme, comme les grèves, des arbres fossiles, parmi lesquels on a reconnu le chêne, le bouleau, le châtaignier; les troncs de ces arbres étaient couchés tous dans le même sens, à une profondeur unique de trois mètres. On leur donnait, dans le pays, le vieux nom de Coërons, qui vient de la langue celtique et signifie « bois rompu ».

L'emplacement du marais était submergé à l'époque romaine; mais, insensiblement abandonné par les eaux, il s'est transformé en marécages à la suite de la formation d'un bourrelet de sables, déposé par la mer à la limite extrême des marées. Ce bourrelet fut le point de départ d'une digue artificielle, élevée successivement par plusieurs générations.

A l'époque où la mer se renfermait dans son domaine, les hommes réparaient les brèches faites pendant les tempêtes de l'hiver, surélevaient la digue et, à force de travail, la rendirent enfin inviolable. Pendant bien des siècles, les riverains entreprirent seuls les travaux de régularisation et d'entretien; enfin, vers 1550, l'administration s'en chargea, et dès lors, on mit dans les travaux quelque méthode. Les villages échelonnés sur le parcours de la digue seraient contemporains de cette époque.

Cette ancienne digue se développe sur une longueur de trente-trois mille deux cent huit mètres, commençant à la pointe du Château-Richeux et finissant à l'embouchure du Couënon. Elle a encore été prolongée jusqu'aux environs de Pontorson. En défendant le marais contre les hautes mers de vives eaux, qui s'élèvent, en mars et septembre, jusqu'à trois ou quatre mètres au-dessus du niveau moyen, elle a rendu définitivement à la culture une superficie de quinze mille hectares.

L'écoulement des eaux de l'intérieur qui, avant la régularisation de la digue, ne pouvait se faire, se pratique actuellement au moyen d'un réseau de *biefs* ou fossés à pente insensible, qui permettent aux eaux de se déverser au moment de la basse mer.

Tout ce système d'écoulement est placé sous la surveillance d'un syndicat, composé de propriétaires. Les canaux collecteurs sont aujourd'hui à peu près tels qu'ils étaient au moyen âge, mais agrandis par des améliorations successives.

Les trois exutoires principaux qui forment la base de tout l'ensemble du réseau sont : 1° le ruisseau du Guiault, allant du Dol au Vivier, village près duquel se trouve un barrage éclusé qu'on ouvre à basse mer; 2° le Biez-Brillant, qui, réuni au Biez-Jean, se déverse sur la grève au pont de Blanc-Essai, près du village de Saint-Benoît-des-Ondes, fondé au dixième siècle; 3° l'Ancienne rivière.

L'organisation qui préside au système de drainage du marais écarte toute crainte de submersion; mais, aux siècles précédents, la vigilance de ceux à qui était dévolu l'entretien des canaux ayant été plusieurs fois en défaut, la mer fit irruption à diverses reprises. On a même cru trouver des empreintes qui confirmeraient ces irruptions dans des plaques blanchâtres de carbonate de chaux, étendues dans le sous-sol, et qui contrastent avec la terre noire tourbeuse qui constitue le fond du marais.

Grâce aux sages mesures de l'organisation actuelle, le marais de Dol, asséché par les efforts persévérants de plusieurs générations, constitue l'acquisition sur la mer d'un terrain représentant un capital de vingt-quatre millions, rapportant annuellement huit cent mille francs. On a le projet d'augmenter encore la surface cultivable en faisant une nouvelle digue, appuyée d'un côté sur l'ancienne, au lieu dit « les Quatre-Salines », et de l'autre sur le mont Saint-Michel.

Il existe, à l'ouest du marais, certains endroits plus marécageux que le reste, n'ayant pas leur pente tournée du côté de la digue et écoulant leurs eaux dans la mare Saint-Coulman, dernier vestige des fonds marécageux de cette région. Le niveau de la mare varie suivant l'abondance des pluies et suivant la quantité d'eau qui s'évapore dans la saison chaude. En hiver, ces eaux se confondent avec celles des marais voisins, au milieu desquels surgit l'éminence de Lillemer, une hauteur de vingt mètres, reste d'un ancien îlot préhistorique.

Suivant une légende accréditée dans le pays et transmise à travers les âges, à cet endroit serait l'ancien emplacement du monastère de Saint-Coulman, qui se serait enfoncé sous les eaux, à la suite d'un cataclysme mal défini. Les habitants du pays prétendent encore qu'à l'époque des basses eaux, on peut distinguer et même toucher avec une perche les substructions de l'ancien monastère.

Les anciens titres conservés aux archives de Dol désignent la vallée dont cette mare occupe le point le plus bas sous le nom de « Crevée de Saint-Guinou », petit village existant encore auprès de Châteauneuf. Cette appellation, d'accord avec la topographie actuelle, serait un indice de l'existence d'une communication ancienne entre la vallée de la Rance et le marais de Dol.

Quelle qu'ait été l'importance de cette dépression, elle concorde avec la dénomination de Pou-Alet (en breton, « île d'Alet »), et plus tard, par corruption, Clos-Poulet, nom accepté encore aujourd'hui. Le territoire ainsi désigné aurait donc été entouré d'eau de toute part : de Saint-Malo à Cancale, par la haute mer; de Cancale à Châteauneuf, par les grèves et une portion du marais, et enfin à l'est par le cours de la Rance. Les noms anciens viennent ainsi en aide à la reconstitution topographique.

IX

LA BAIE DE SAINT-MALO

Comme la baie du Mont-Saint-Michel, celle de Saint-Malo a subi les vicissitudes de la mer, car elle n'a pas toujours été telle que nous la voyons aujourd'hui. Si nous interrogeons l'histoire, nous y trouvons que la ville actuelle s'élève à l'endroit où fut jadis le rocher de Saint-Aron. Ce rocher, isolé de la terre pendant la haute mer, était habité au quinzième siècle par quelques ermites pêcheurs qui auraient choisi cette résidence écartée pour être mieux en garde contre leurs ennemis et se trouver en même temps à proximité de leurs travaux.

La ville doit son nom à saint Mac-Low (saint Malo), évêque du pays de Galles, qui apporta un concours actif à la fondation du village naissant.

Le rocher, séparé du continent dans le principe, y

fut plus tard relié par un bourrelet de sable, amoncelé par les vents d'ouest de la même façon que ces flèches de sable que l'on voit se former sur les côtes, quand les circonstances s'y prêtent. Ce bourrelet est aujourd'hui « le Sillon », seule voie d'accès à la ville de Saint-Malo, qui étouffe dans son enceinte bastionnée, enserrée comme elle l'est de tout côté par la mer.

Avant que le Sillon fût édifié par les vents et les flots, la mer s'épanchait librement dans une crique servant d'embouchure au petit ruisseau du Rothouan. Les amoncellements de sable ont peu à peu élevé le sol de cet ancien estuaire au-dessus des hautes mers, puis la main de l'homme est venue transformer ce bassin en un port qui fut commun à Saint-Malo et à Saint-Servan.

Les dimensions du port étaient trop grandes et la profondeur d'eau trop faible; aussi l'on remblaya la partie centrale de 1880 à 1884, en laissant de l'autre côté un port plus avantageux qui s'étend en forme de croissant d'une ville à l'autre. La gare du chemin de fer est construite sur un ancien îlot, l'île Talard, dont le quartier voisin a encore conservé le nom.

La baie de Saint-Malo est parsemée de rochers redoutés des navigateurs et qui ont été considérés comme les derniers vestiges d'une région disparue sous les eaux. Les commentateurs appuient même leur argumentation sur les noms que portent encore quelques-uns : l'île Harbour (*harbour*, port, en anglais) aurait été le port de l'entrée de la Rance; les Herbiers

Saint-Malo (vu du Sillon).

auraient été des pâturages et le Grand-Jardin aurait été autrefois cultivé.

Plus près de terre, sur les derniers débris du plateau de Rochebonne, sur un rocher isolé, s'élevait, au neuvième siècle, le monastère de Saint-Scubillon. Or, si l'on s'en rapporte à la tradition, tous les îlots de la baie de Saint-Malo auraient été accessibles à pied sec, à marée basse, au quinzième siècle.

Au nord de la baie, la chaîne rocheuse, dont il ne reste plus que l'île Cézembre, fut forcée par la mer. Le dernier sol émergé de cette chaîne fut réduit à l'état de grève où croissaient des varechs et autres plantes marines ; de là le nom de prairies de Cézembre, dont le domaine public et le chapitre seigneurial se disputaient la possession, vers 1437. Le souvenir de ces grèves herbues ou prairies s'est conservé dans le nom donné au rocher des Herbiers.

Entre Cézembre et la côte, le relief sous-marin indique une sorte d'isthme caché par la mer ; quand les eaux se retirent, elles laissent à découvert de nombreux rochers, séparés entre eux par de faibles profondeurs.

Tout ce sol submergé a des rapports avec la grande plage qui s'étend entre Saint-Malo et Paramé, dont la largeur atteint huit cents mètres aux basses mers de vives eaux. Des fouilles pratiquées en 1878, aux dernières limites où se retire la mer pendant les années d'équinoxe, ont, là encore, révélé la présence d'arbres submergés, ensevelis dans des couches de terrain identiques à celles du sol sous-marin ; dans la même assise attaquée à Saint-Malo, dans la baie de la Fresnay, dans les grèves de l'île des Ebbiens, on a trouvé de semblables traces de bois, ensevelis et réduits à l'état de tourbe.

La « Goule aux fées », à Saint-Énogat.

Au milieu de toutes les roches de la baie, la marée se précipite en produisant des courants tourbillonnants, qui deviennent très dangereux au moment du renversement de la marée. Ce sont comme des phénomènes d'interférence. Malheur alors au navigateur surpris par le calme ! il devient le caprice du courant, qui le pousse infailliblement contre ces archipels d'écueils dont les pointes, noircies par les embruns, se dressent comme autant de spectres.

Il y a dans le golfe des courants atteignant, comme au Raz de Blanchard, la vitesse de seize kilomètres à l'heure ; ces fleuves se dirigent tantôt d'un côté, tantôt d'un autre, avec un élan tel que, du haut des falaises environnantes, on aperçoit distinctement leur cours au milieu des plateaux de rochers.

La marée atteint, au fond de la baie de Saint-Malo, la hauteur de quinze mètres, élévation qui n'est surpassée que dans la baie de Fundy. La lutte des courants, favorisée par certaines causes locales, produit cette grande élévation de la marée.

Les changements qui s'opèrent dans la direction de ces courants de marée sont d'autant plus capricieux que leur vitesse est moins grande. Très souvent le courant de flot commence subitement avec force ; le contraire a lieu pour celui de jusant. Au moment du mouvement de la marée, sa vitesse de translation diminue considérablement ; c'est la *molle eau,* comme disent les marins des côtes de Bretagne ; elle dure un quart d'heure ou une demi-heure, suivant la force des marées.

Mais, près des îles et dans les plateaux de roches, comme dans le golfe de Saint-Malo, les eaux ne sont jamais dans un repos complet ; elles le sont encore moins dans les chenaux étroits. Dans les baies, ainsi que dans leurs environs, le renversement des courants retarde d'autant plus sur l'heure de la haute mer, au rivage, que les positions dans lesquelles il se produit se trouvent plus éloignées de terre.

L'influence du vent agit aussi sur le courant ; il le

retarde ou le précipite, ou tout au moins agit ainsi sur la surface des eaux. Lorsque le courant et le vent suivent la même direction, la vitesse du courant ainsi que sa durée s'accroissent en proportion de la force du vent ; mais, si celui-ci souffle dans une direction contraire, il a peu d'action. Les sinuosités des rivages modifient d'ailleurs très notablement tous ces effets.

La vitesse et la direction des courants ont été déterminées par les ingénieurs-hydrographes, pour toutes les côtes de France, afin que les navires qui entrent dans les ports ou qui en sortent évitent le terrible danger, plus redoutable que la tempête, d'être pris dans un moment de calme par un de ces courants rapides ; un navire à voiles est alors poussé sans espoir sur des roches où il n'a pas même la ressource suprême de mouiller son ancre, ce qu'on ne fait que dans les cas désespérés.

Ce bouleversement des eaux a contribué à désagréger les côtes et les îles ; il s'est surtout produit avec intensité à l'entrée de la Rance, dont la physionomie, si nous en jugeons d'après des témoignages historiques, aurait été toute différente de ce qu'elle est aujourd'hui.

L'embouchure de la Rance consistait autrefois dans le chenal que suivent encore les navires entrant à Saint-Malo ou à Saint-Servan et qui débouchait au large, entre le Grand-Jardin et les Banquetiers. Cet estuaire aurait été plus large, mais moins profond qu'aujourd'hui. D'après quelques passages du *Roman d'Aquin* (1140), la rivière aurait été guéable à marée basse, tandis qu'il y a maintenant une profondeur de trois mètres entre Saint-Servan et Dinard.

La Rance servait de port à la station gallo-romaine d'Aleth, aujourd'hui Saint-Servan. Cette ville remonte à une haute antiquité, car on a découvert sur le glacis du fort de la Cité des débris gallo-romains. Aleth avait au cinquième siècle un port qui, par suite de l'extension qu'il prit, mérita d'être protégé par une fortification dont il reste aujourd'hui la tour Solidor, bâtie par Jean IV.

Le port d'Aleth aurait appartenu plus vraisemblablement à l'île de Harbour, celui qui est au pied de la tour Solidor ne pouvant admettre que les navires de faible tirant d'eau. De plus, certains auteurs pensent que la Rance aurait communiqué avec la mer par un second bras.

X

LA BRETAGNE

Les côtes de l'antique Armorique se développent sur une longueur de plus de six cents kilomètres ; elles présentent par leur aspect sauvage, leurs écueils et leurs déchirures, un aspect pittoresque et grandiose qu'on ne retrouve sur aucun autre point. Cette ceinture de noirs rochers granitiques qui entourent la Bretagne est incessamment battue par les grandes ondulations de l'Atlantique, qui font rage sur toute cette côte.

Ces rochers sont les derniers contreforts des montagnes d'Arrès, montagnes arides, sillonnées de longues routes raboteuses, parcourues par des troupeaux de moutons bruns, disséminés sur les bruyères et gardés par des pâtres immobiles jetant leurs refrains à tous les vents. Ce sont partout landes et ajoncs, d'où s'élève de temps en temps un îlot de verdure ; de tout côté l'abandon et la solitude.

Les montagnards d'Arrès mènent une vie pauvre sur ce sol ingrat; ils y récoltent à grand'peine de l'orge et du sarrasin. Rarement on voit sur la lande d'autres êtres vivants que des enfants aux longs cheveux qui regardent nonchalamment passer le voyageur.

Telles sont les landes des environs du cap Fréhel. Près de ce cap, bizarrement découpé au milieu des roches, se dresse l'îlot du fort de la Latte, séparé de la terre ferme par une entaille de cent mètres de profondeur, qu'on franchit sur un pont vertigineux, au-dessous duquel grondent les vagues furieuses qui bondissent au fond de la crevasse en résonnant comme des décharges d'artillerie.

Le cap Fréhel, brusquement coupé à pic, domine une immense étendue de mer parsemée de récifs et d'îlots. A la base de ce promontoire, près duquel souffle toujours une forte brise, s'élèvent çà et là des aiguilles et des obélisques aux formes fantastiques et bizarres, sur lesquelles voltigent par milliers des oiseaux aquatiques. Entre les interstices des rochers, la mer bouillonne, se gonfle, et les lames frémissantes retombent avec fracas en écume sur la base du promontoire.

La baie de Saint-Brieuc tranche sur cette côte sauvage par son immense grève sablonneuse, qui s'étend du cap d'Erquy jusqu'aux roches de Saint-Quay, laissant à découvert, à marée basse, une surface triangulaire dont la plus grande longueur atteint près de six kilomètres. Au fond se trouve la petite anse d'Yffiniac,

Coquillages des plages bretonnes.

qui n'a que quelquefois chaque année le privilège de voir l'eau arriver sur ses sables.

On a découvert dans ces grèves des croûtes tourbeuses, qu'on croit être des amas de bois fossiles, décomposés par leur séjour dans les sables humides. On y a vu aussi des arbres avec leurs racines, mais ils avaient une consistance tellement friable qu'ils se rompaient sous les moindres efforts. Ces traces de forêts submer-

Fragment de granit perforé par les pholades.

gées, qu'on trouve en un si grand nombre d'endroits, témoignent des empiétements de la mer sur tout ce littoral.

Mais, d'autre part, on a reconnu sur le granit des côtes d'Étables et de Binic des trous de pholades et d'autres mollusques perforants, ainsi que des cavernes habitées à la période préhistorique, ayant leur entrée à une hauteur aujourd'hui inaccessible. Il y aurait dans ces repères contradictoires des éléments suffisants pour établir la transformation du sol.

A côté des ruines de l'abbaye de Beauport, s'ouvre la baie de Paimpol avec ses interminables plages de sable, parsemées de petites buttes, habitées par des colonies d'annélides. La baie est protégée contre les assauts de la « grande mer » par l'île de Bréhat, qui est séparée de la terre ferme par un détroit de mille sept cents mètres ; cette île est habitée par d'intrépides marins, qui l'aiment passionnément, malgré son âpreté et

Grèves de Paimpol, mamelonnées par les annélides.

ses vents violents. Ils sont maîtres chez eux ; mais, toujours à la mer, ils laissent aux femmes le soin de la culture et ne contractent jamais d'alliance avec la « grande terre ».

En face de l'embouchure du Trieux, s'étend la grande grève, au milieu de laquelle se dresse l'île Vierge. Ce plateau est rattaché à l'ouest par une longue flèche de sable ou bourrelet, nommé dans le pays « Sillon de Talbert ». Cette digue naturelle, qui avance en mer à une distance de trois kilomètres, s'est édifiée sous l'impulsion permanente des vents régnants, qui ont accumulé sur le haut du plateau les matériaux arrachés aux archipels des Duomo et des Héaux de Bréhat.

Au milieu du plateau des Héaux se dresse orgueilleusement le phare de Bréhat, sentinelle avancée qui indique aux navigateurs les dangers cachés sous l'eau. Isolé au milieu de la mer, il n'est pas d'un accès facile; il faut une de ces belles journées d'été où la mer, aussi calme qu'une nappe d'huile, resplendit comme un lac. Alors, si le courant porte, on peut y aller en une heure de l'île de Bréhat, sous la conduite d'un pêcheur familiarisé avec tous les caprices de la mer dans ces archipels de rochers.

Mais, une fois devant la porte du phare, on n'est pas encore sûr de pouvoir y entrer; car, pour peu que la mer devienne houleuse, qu'une longue lame de l'Océan ébranle la nappe liquide, il faut vite retourner sans avoir atteint le but. Si les circonstances sont favorables, le gardien jette une corde et l'on se hisse à l'échelle de bronze, qui conduit à une porte en même métal.

Une fois débarqué, on rencontre un joli escalier tournant, donnant accès d'étage en étage à de petites chambrettes servant de magasins, d'ateliers, de chambres à coucher, jusqu'au couronnement où l'on peut voir l'énorme lampe.

Du sommet, on a une idée complète de l'immensité de l'Océan, qui vous enveloppe de toute part. On aperçoit au loin les lignes brumeuses de la terre de France, à gauche l'île de Bréhat, à droite le groupe des Sept-Iles, au large la plaine liquide infinie, au delà de laquelle l'imagination plane jusqu'à la côte d'Angleterre. Cependant, malgré ce splendide panorama animé par un beau soleil d'été, on sent bientôt qu'on est dans une étroite prison. Aussi est-il nécessaire, pour que les gardiens de ce feu sacré ne finissent pas par s'abrutir, de leur faire passer de temps en temps un mois à terre; car, abandonnés dans un phare, ils se regardent comme embarqués pour un voyage au long cours.

Rochers dans l'archipel des Sept-Iles.

Retournons maintenant à la côte, pour continuer d'y examiner en détail les points les plus dignes d'attirer notre attention.

Parmi les capricieuses découpures de cette côte, distinguons la plage de Saint-Michel-en-Grève, dont la configuration a été sensiblement modifiée dans ces derniers temps. Cette vaste plaine, qui a plus de cinquante

Une plage armoricaine.

hectares de superficie, est exploitée pour la tangue; à certains moments, il s'y trouve plus de cent tombereaux réunis pour transporter dans les terres cet engrais marin.

Chaque mètre cube de tangue qu'on extrait est remplacé à la marée suivante par un pareil volume d'eau. La mer nivelle l'arène, la lame se développe plus amplement et affouille les contours. Il existait, il y a une trentaine d'années, un îlot de sable de quatre mètres de haut, qui a été détruit en peu de temps. Au commencement du siècle, une partie de la grève était couverte d'ajoncs où, selon les anciens habitants du pays, on chassait. Enfin, en 1874, la route qui longe la plage a été détruite en partie par une marée d'équinoxe.

Le long du talus de cette même route on remarque des bancs de galets mélangés avec de la terre, à une hauteur de quatre à cinq mètres au-dessus du niveau que les eaux n'atteignent plus aujourd'hui. Il y a donc, à côté d'une plage absorbée par l'action du temps, un témoignage affirmant qu'il y a eu une surélévation aux âges précédents.

On remarque également des plages surélevées à Roscoff; on le voit nettement aux zones de galets, qui sont situées à plusieurs mètres au-dessus de la limite atteinte aujourd'hui par la mer.

Au milieu des archipels de la côte bretonne, Ouessant se distingue par ses grandes proportions et sa situation avancée sur l'Océan. Ouessant est une des îles les plus intéressantes du Finistère, autant à cause de sa position séparée du continent que par le caractère de ses habitants. On connaît peu, en France, ce coin isolé, parce que la facilité des communications ne s'y prête pas. Le trajet, qui peut se faire en deux ou trois

Rochers granitiques à Roscoff.

heures par le beau temps, devient très dur et même dangereux en hiver.

L'île d'Ouessant a de six à sept kilomètres dans sa plus grande longueur, depuis le phare jusqu'à la pointe Loqueltas. Les grandes lames de l'Océan, qui viennent se briser contre ses rochers déchiquetés, grondent avec un bruit sinistre qu'on n'entend nulle part.

Le nouveau débarqué est frappé de ne pas voir un seul buisson, un seul arbre; aussi pas d'autres oiseaux que les mouettes et les goélands. L'orge, un peu d'avoine et la pomme de terre sont les seules cultures de l'île; par conséquent, le pain blanc y est inconnu. Pour tous animaux, quelques maigres vaches, de petits chevaux laids et beaucoup de petits moutons noirs.

Vue de Roscoff, prise de la chapelle Sainte-Barbe.

On y manque de combustible; il est remplacé par le *galouet*, fumier détrempé dans l'eau et réduit en pains qu'on fait sécher au soleil d'été, en les collant contre les murs des maisons. Du pauvre feu que cela donne s'échappe une odeur âcre. Heureusement, la situation de l'île la fait jouir d'un climat essentiellement marin et les hivers y sont doux; la gelée y est inconnue et les plantes y poussent en pleine terre.

Les Ouessantais sont d'intrépides marins, d'une moralité proverbiale et de mœurs douces. Il n'y a ni un huissier, ni un gendarme dans l'île; les simples contestations sont réglées en dernier ressort par le juge de paix ou à l'amiable par des arbitres. La plupart des hommes sont toujours à la mer; à force de braver la fureur de l'océan, ils finissent par y périr; aussi ce sont

La pointe Saint-Mathieu.

les femmes qui règnent dans l'île et qui font les travaux de culture.

Au milieu de cette nature désolée, ces groupes d'îles, ces archipels d'innombrables rochers, semblent attester qu'une partie du continent s'est abîmée sous les flots. Une tradition conservée dans la vieille Armorique dit que les îles de Béniguet, l'île de Sein et le groupe d'Ouessant, éloignés aujourd'hui de plusieurs lieues, étaient rattachés au continent.

Le cap Saint-Mathieu est le point le plus occidental de la terre de France; il est regardé comme étant le *Gobæum Promontorium* de Ptolémée. Au milieu des ruines de la vieille abbaye de *Saint-Mahé in finibus terræ*, (Saint-Mahé à la fin de la terre) se dresse un magnifique phare, qui semble un défi jeté à la tempête qui siffle et aux vagues qui mugissent alentour.

On rapporte qu'à la pointe Saint-Mathieu il se trouvait une ville attenant à la vieille abbaye; elle aurait même été désignée par Ptolémée sous le nom de port *Staliocanus*, identifié au moyen âge avec Port-Liocan, lequel est situé entre le Conquet et Saint-Mathieu. Au siècle dernier, on voyait encore des restes de quais démolis par la mer; on y a aussi découvert des débris d'origine romaine.

Du cap Saint-Mathieu, choisi pour le point de départ du câble transatlantique, on aperçoit au loin, dans le sud, le bec du Raz, passage redouté, à cause des écueils dont il est parsemé et de ses courants dangereux; aussi la baie voisine porte-t-elle le nom trop significatif de « baie des Trépassés ».

Ces côtes présentent des aspects grandioses et étranges; ce sont des falaises aux teintes d'un rouge ardent, traversées par des filons d'argile d'un jaune tendre, coupées à pic et n'offrant aux navigateurs en péril aucune chance de salut.

Un peu plus bas, la côte s'incline jusqu'à la mer, se terminant en pente douce par des plages aux sables fins et brillants.

De distance en distance, se dressent d'immenses rochers aux formes excentriques, aux couleurs sombres, aux pointes aiguës et arrondies, dentelures sortant du sable comme autant de géantes sentinelles d'un monde antédiluvien, placées là pour s'opposer aux tentatives d'envahissement de l'océan.

Jusqu'à la pointe qui forme l'ouverture de la plage du Grand-Gouin, les falaises recommencent et offrent une succession de plateaux arides, où croissent seulement des ajoncs et quelques herbes rabougries; des moutons aux flancs décharnés se repaissent tristement de cette amère nourriture.

Remarquons près de la plage de Toulinguet une curieuse roche (de nature amphibolique) percée au milieu; elle est soutenue par deux piliers, réunis par une espèce de corniche arrondie; la singularité de ses contours la fait rassembler à l'entrée d'une vieille enceinte fortifiée du moyen âge.

Pendant la saison des équinoxes, de terribles coups de vent du nord viennent s'abattre sur ces rochers; les habitants ont trop souvent, hélas! vu le rivage parsemé de débris et de cadavres horriblement battus par la mer.

Le bec du Raz au sud et la pointe Saint-Mathieu au

Le bec du Raz.

nord embrassent un large golfe appelé l'Iroise, tout peuplé de nombreux écueils; sur chacun d'eux un sinistre a été enregistré. Au fond de cette grande baie, la mer pénètre par un étroit goulet dans un espace resserré, assez vaste cependant pour contenir les flottes du monde entier ; c'est la rade de Brest.

« Brest, s'est écrié Michelet, la pensée de Richelieu, la main de Louis XIV, la force de la France, entassées au bout de la France! »

Vue du cours d'Ajot, ou mieux encore de la gare, la rade de Brest offre un gracieux aspect. Les rives verdoyantes, entrecoupées d'une foule de petites baies, se rapprochent pour former une pointe de terre séparant la rade en deux parties. Les riants coteaux des environs s'étagent, puis se confondent avec l'horizon, faisant contraste avec les hauts rochers de la côte nord, saillants et boisés. Sur la droite, en face du goulet, s'étend la grande rade où sont mouillés les navires de l'État, déployant leur svelte mâture sur l'azur de la mer et, plus encore vers la droite, le large.

Derrière ces rochers, on voit la curieuse ville de Plougastel, dont la population, retranchée dans la presqu'île, garde encore son costume et ses traditions intactes depuis des siècles. Cette population est adonnée à la culture des fraises et des légumes, qui réussissent à cause de la douceur exceptionnelle des hivers dans ce pays.

L'origine de notre grand port militaire est obscure;

le nom de Brest se rapprocherait de *Beith Inis* (Ile Peinte), d'où Bretagne. Sa rade fut fréquentée par les marins gaulois dès 452. Brest a dû de tout temps être appréciée des navigateurs pour sa situation géographique et la sécurité de son port.

L'étude des marées exécutée par M. Bouquet de La Grye, sur ce point avancé où l'on ressent les pulsations

Un coin de plage près Camaret.

de l'Atlantique, a fait découvrir que le sol de la Bretagne subit un exhaussement continu, qu'on peut évaluer à un millimètre par an. Ce savant a fait intervenir dans ses recherches une moyenne de trente mille observations compulsées de 1834 à 1868.

Cet exhaussement, possible pour un point déterminé auquel s'appliquent ces calculs, ne concorde pas toujours avec des transformations locales qui se seraient produites dans le voisinage, si l'on en croit l'histoire et la topographie.

Toutes ces côtes aux découpures bizarres paraissent, en effet, empreintes de profonds bouleversements; au sud du goulet de Brest, elles offrent des sites farouches et des amas de rochers qui semblent comme échoués au milieu des rares grèves que fréquente une race de hardis pêcheurs.

Au fond de l'une de celles-ci s'élève la petite ville de Camaret, formée d'un amas de maisons capricieusement disséminées et laissant entre elles des espèces de couloirs qu'on décore pompeusement du nom de rues : *rue du Devant, rue du Derrière*. Les braves habitants n'ont pu trouver d'autres appellations mieux appropriées. Le port présente à peu près la forme d'un trapèze, dont les quais de la ville formeraient le grand côté auquel est parallèle la falaise de Très-Rouz; le deuxième côté étant formé par la digue naturelle de Roch-Madue.

La baie de Camaret, quoique peu sûre, abrite tous les ans un grand nombre de bâtiments : les uns qui attendent le vent favorable pour « donner » en Manche ou dans le Raz de Sein; les autres en relâche forcée, qui ont à réparer leurs avaries, faire de l'eau ou laisser reposer leurs équipages.

A Camaret, chaque habitant possède une parcelle de terre qu'il cultive lui-même; les produits de la pêche du poisson frais et de la sardine, dans les bonnes années, y portent l'aisance. L'existence de ces gens est une vie de sacrifice et d'abnégation. Dès l'enfance, le jeune matelot s'embarque comme mousse, fait son apprentissage sur la chaloupe de son père, et, après avoir servi l'État, recommence son métier de pêcheur jusqu'à ce que la vieillesse ou la mer termine ses jours.

Dans cette existence simple et laborieuse, l'homme de mer s'habitue aux luttes sans fin avec l'océan, où l'enjeu est invariablement sa propre vie. Aussi, pensant rarement au lendemain, il ne compte que sur lui-même.

Des vestiges anciens indiquent que la baie de Douarnenez, située à l'extrémité de la vieille Armorique, aurait été submergée lentement. D'après le chanoine Moreau, qui vivait au dix-septième siècle, il existait à la pointe du Raz et à Plomarch, à cinq cents mètres de Douarnenez et sur divers points de la baie, des substructions qu'il fallait nécessairement attribuer à des établissements importants remontant à la période gallo-romaine.

Il existe encore une tradition locale, d'après laquelle la ville d'Ys, la capitale du roi Gardlou, aurait été engloutie au milieu de la baie de Douarnenez, du quatrième au cinquième siècle, en punition des forfaits des habitants. La profondeur moyenne de la baie étant vers le milieu de quatorze à quinze mètres, il suffit d'admettre une submersion continue d'un mètre par siècle.

Cette légende, transmise à travers les temps, aurait quelque rapport avec une remarque relative à la direction convergente de plusieurs voies anciennes abandonnées, aboutissant au milieu de la baie, où aurait alors existé un centre de population.

Les légendes vont bien avec le caractère confiant des Bretons et l'aspect sauvage de leurs côtes. Elles abondent sur l'île de Sein, isolée au milieu des fureurs d'une mer implacable. Elles la représentent comme ayant été autrefois consacrée à une divinité gauloise. Les Gaulois attribuaient aux neuf prêtresses de cette divinité le pouvoir d'exciter les tempêtes par leur chants et de prédire l'avenir aux navigateurs.

Cette malheureuse petite île, dont la surface est à peine de soixante hectares, est une affreuse solitude, perpétuellement voilée par les embruns d'une mer furieuse que les vents poussent sur ces rivages sans arbres ; plus étendue aujourd'hui qu'à l'époque romaine, où elle était connue sous le nom de Sena, elle a été tour à tour emportée en lambeaux par la mer, ou augmentée par les atterrissements des sables.

Les terres de l'île de Sein auraient fini par disparaître, si ses courageux habitants n'avaient opposé des digues à l'invasion des flots. On a élevé plus de huit cents mètres de digues en grosses pierres sèches ; elles ont été plusieurs fois détruites par les tempêtes d'hiver ; les terres ont été inondées et les récoltes perdues ; car la partie la plus élevée de ces digues n'est qu'à dix mètres au-dessus du niveau de la mer.

Outre les travaux de défense, dont l'origine remonte à Louis XV, la digue d'un kilomètre de long, qui date de cette époque, a été entretenue à grands frais ; les cultures et le séjour de l'île sont intimement liés à sa conservation.

Quelques bruyères représentent la seule végétation de l'île ; et cependant la population atteint le chiffre de six cents habitants, tous pêcheurs et marins.

L'île de Sein doit donc en partie sa conservation à la main des hommes. Autrement les vagues auraient emporté tout ce qui n'est pas roche dure, et elle serait remplacée aujourd'hui par une série d'écueils granitiques, qui apparaîtraient aux navigateurs comme les vestiges d'une terre disparue et ressembleraient au groupe de rochers noirs du pont des Chats ou du pont de Sein.

Il semble donc naturel de considérer ce point comme ayant eu, au temps passé, une surface plus considérable qu'aujourd'hui. Il faut le dur granit de Bretagne pour résister aux efforts de l'Océan courroucé.

Une tempête considérée du sommet de la pointe du Raz offre un spectacle saisissant ; l'accès du promontoire par l'étroit sentier qui y conduit est dangereux, car on risquerait d'être emporté par les lames, quoiqu'on domine la mer à quatre-vingts mètres de hauteur. La mer furieuse couvre les rochers noirâtres de son écume blanchissante, en faisant entendre d'horribles mugissements : on dirait un navire qui tangue ; la terre de la pointe frémit sous vos pieds, et le hurlement des flots dans les cavernes vous étourdit jusqu'à vous donner le vertige.

A côté du Raz se trouve l'Enfer de Plogoff, abîme en forme d'entonnoir, où les vagues s'engouffrent avec un tapage assourdissant. De là, on découvre un des plus grands panoramas de la Bretagne : l'île de Sein et ses rochers, qui s'étendent à sept lieues en mer ; à droite,

Port de Pont-Aven (Finistère).

la baie de Douarnenez, l'archipel d'Ouessant, le phare d'Ar-Men, qui semble sortir du fond de la mer.

A ce sublime horizon il faut ajouter la grandeur et la solitude du lieu où l'on est placé : l'endroit est sauvage, sans aucune trace de vie humaine ; il est voisin de la sinistre baie des Trépassés, où les courants déposent souvent les corps des naufragés, dans le passage de l'Iroise.

Après avoir dépassé les étangs de Plovan, relégués derrière un bourrelet de sables, la côte se relève jusqu'à la pointe de Penmarck, où la mer brise avec tant de fureur, que le bruit qu'elle fait s'entend jusqu'à Quimper, qui est éloignée cependant de trente kilomètres. Là, d'épais nuages de vapeur volent en tourbillons; le ciel et la mer se confondent et l'on n'aperçoit, au milieu d'un sombre brouillard, que des flocons d'écume, bondissant dans les airs avec le bruit de détonations d'artillerie.

A partir de ce point, qui est un des plus sauvages de nos rivages, la côte tourne brusquement à l'est, forme l'anse de Bénodet, où se jettent l'Odet et le ruisseau de Pont-l'Abbé. L'Odet est navigable jusqu'à Quimper, ville de création fort ancienne; à l'entrée de cette rivière, Bénodet attire les baigneurs sur sa gracieuse plage.

Entre la pointe de Penmarck et l'île de Groix se trouve l'archipel des Glénans, amas de rochers pointus et de petits îlots habités par des pêcheurs, représentant les derniers vestiges d'un plateau effondré dans les flots. Ces pêcheurs, en draguant des huîtres, ont souvent ramené des fragments d'arbres semblant appartenir à une forêt sous-marine; cette forêt se serait étendue jusqu'à Concarneau, où le nom significatif de « baie de la Forêt » permet d'établir un rapprochement.

Concarneau est remarquable par sa « ville close », îlot où est le noyau de l'ancienne ville, et où l'on ne peut accéder que par un pont qui la relie à la terre ferme; tout autour, la mer forme un port dont une partie seulement est accessible aux navires de fort tonnage. On a fondé, à côté de la ville où abondent les usines à sardines, un établissement de pisciculture où l'on peut observer les animaux marins dans six grands bassins en plein air ayant une surface de près de mille mètres carrés.

On voit au large l'île de Groix, qui s'appelait primitivement *Enez-et-Groach*, « l'île des Sorcières », d'où l'on a conclu qu'elle avait été habitée par des druidesses. Ce qu'il y a de certain, c'est que les mégalithes y sont nombreux. Bordée d'une haute falaise qui la rend d'un abord difficile pour les barques des pêcheurs, elle présente quelques curiosités naturelles; ce sont des grottes profondes, creusées par la mer dans la roche schisteuse. Les plus curieuses sont : le Trou d'Enfer, la Chaussée, la Grotte aux moutons, etc. On ne peut les visiter qu'en canot, pendant le moment de la marée basse.

Ces côtes ressentent les contre-coups de tout ce qui se passe dans l'Atlantique; aussi, pour pronostiquer le temps, les pêcheurs ne négligent pas les renseignements donnés par la direction d'où vient la houle. Ils savent de combien d'heures les lames de fond précèdent les coups de vent, et ils prédisent fréquemment ces derniers un jour d'avance.

Certaines roches ont aussi, suivant eux, la propriété

de se transformer en brisants à l'approche d'un coup de vent. Ce sont celles qui sont placées aux points où l'on voit le mieux se produire la rupture des grandes ondulations. Le Corven de Trévignon, près Concarneau, le Banc des Chiens, à l'entrée de la Loire, la Longue de Boyard, dans les Pertuis, peuvent être cités comme jouissant de cette propriété.

XI

LE MORBIHAN

En face de l'île de Groix s'ouvre l'estuaire où se réunissent les deux rivières du Scorf et du Blavet et au fond duquel est situé le port militaire de Lorient. L'entrée de ce port, défendue par la citadelle de Port-Louis, est, de plus, protégée par la pointe de Graves, dont les plages sont affectées aux expériences d'artillerie.

A l'est d'un mince cordon de dunes rendues mobiles par le caprice des vents et des courants, s'ouvre l'embouchure de la petite rivière d'Étel. Au sud, les dunes se rattachent à la langue de sable qui relie le promontoire granitique de Quiberon à la terre ferme.

Baignée des deux côtés par la mer, la péninsule de Quiberon s'avance au large sur une longueur de quinze kilomètres, sans dépasser nulle part une largeur de trois kilomètres. Il est probable que l'extrémité de cette pointe était une île, qui a été reliée ensuite à la terre ferme par un cordon de sable, produit par le mouvement des lames sur le fond. D'un côté de la presqu'île, on voit les grandes lames du large, et, de l'autre, la mer intérieure plus calme. L'étymologie bretonne *Ker-be-raon* (Quiberon) signifie « terre rompue » et rappelle l'isolement de la partie extrême.

Cet isthme, réduit à certains endroits à un simple cordon de sable, n'a qu'une dizaine de mètres de largeur à son point le plus étroit, et, si l'on n'avait exécuté des travaux de défense, il serait depuis longtemps coupé par les tempêtes.

Cette langue de terre doit sa sombre renommée dans l'histoire à la défaite des émigrés qui, en 1795, s'étaient réfugiés dans cette impasse.

A quinze kilomètres de la pointe de Quiberon se trouve Belle-Isle, l'île la plus importante de cette côte ; elle a dix-huit kilomètres de long sur quatre à dix de large. Très soigneusement cultivée, elle renferme de bons pâturages où l'on élève des chevaux de race bretonne. Ses deux côtes présentent des aspects tout différents : du côté du continent, de gracieuses plaines cultivées, à la limite desquelles la lame se brise mollement ; du côté de l'Océan, la « mer sauvage », battant un des rivages les plus accidentés de France ; les grandes vagues du large, qui ne sont arrêtées par aucun obstacle, déferlent sur des rochers de gneiss et de schiste avec une telle fureur, qu'elles dénudent les sommets quelquefois jusqu'à quarante mètres de haut.

Bordadoé, la pointe d'Arzic, le port Saint-Marc, sont les endroits qui méritent une mention pour leur aspect sauvage. Il y a aussi là des grottes nombreuses

Grotte sous-marine (île de Groix).

creusées par la mer ; la plus remarquable est celle de l'Apothicaire. A côté, l'on peut voir des rochers déchirés qui rappellent ceux des côtes d'Écosse et des anfractuosités qu'on peut comparer aux fiords de la Norvège.

En face Port-Louis, à quinze kilomètres du rivage, se dresse l'île de Groix, sorte de plateau isolé au milieu de l'Océan, qui semble avoir été détaché du continent dans un cataclysme. On remarque dans les découpures de ses falaises schisteuses des grottes dont plusieurs ne peuvent être visitées qu'en canot ou à marée basse. Les plus remarquables sont : le Trou de l'Enfer, le Trou du Tonnerre, la Chaussée, la Grotte aux Moutons, la Grotte à Madame Barisy, etc.

L'île occupe une surface de mille quatre cent soixante-seize hectares cultivés, où le sarrasin et les lentilles alternent avec des parties en pâturages. Les femmes s'adonnent aux travaux des champs, pendant que leurs maris, qui sont tous pêcheurs, parcourent la mer.

La prospérité de l'île sera toujours retardée par suite du manque de ports. Malgré les dépenses faites par l'État, il n'y a aucun havre qui puisse abriter un caboteur pendant un coup de vent. Les bateaux de pêche redoutent même d'y passer une marée dans un gros temps. Ces conditions ont forcé les Grésillons (ainsi se nomment les habitants) à prendre l'habitude de tenir la mer par tous les temps. Aussi les matelots de cette île déshéritée passent-ils pour les meilleurs du littoral.

Ils n'ont d'autre refuge que les grèves, sur lesquelles ils halent leurs bateaux au moyen de cabestans. Cependant avec ces modestes bateaux ils vont fort loin. Tantôt pêcheurs, tantôt chasseurs, ils s'en vont souvent jusque sur les côtes d'Espagne poursuivre les thons et transportent la sardine fraîche jusqu'à Nantes et à La Rochelle.

Un dicton breton caractérise ainsi les trois principales îles du littoral, suivant la réputation qui leur est faite par les marins : « A Groix, c'est de la joie ; à Belle-Isle, c'est du plaisir ; à Ouessant, c'est du sang. »

La chaîne sous-marine dont Belle-Isle paraît être le plus important sommet se continue par les îles d'Hœdic et d'Houat, terres stériles, à peine habitées par des pêcheurs et les gardiens du phare, mais où l'on trouve cependant des pâturages pour les moutons.

A la pointe de Kerpenhir, à côté de Locmariaker, dont le sol est jonché de mégalithes, s'ouvre le vaste estuaire du Morbihan. Ce nom signifie en breton la « petite mer », par opposition à l'Océan. Cet estuaire, généralement peu profond, parsemé de soixante îles et îlots, pénètre dans les terres par une multitude de baies aux contours irréguliers, ce qui, sur la carte, lui donne une configuration semblable à une feuille de vigne.

Entre toutes ces criques, entrecoupées par des caps de verdure, s'étend un fond de sable sillonné par des *béhins*, bancs de vase noire et compacte, qu'on a regardés comme des dépôts de tourbe. A marée basse, toutes ces taches sont très sensibles.

La plus grande longueur du Morbihan n'excède pas vingt kilomètres.

Depuis l'entrée dans le Morbihan par l'embouchure (qui n'est autre chose que l'embouchure de la rivière d'Auray) jusqu'à Vannes, située dans le repli extrême du fond, serpente un chenal, par lequel les navires de cinquante tonneaux peuvent, pendant la marée haute, aller jusqu'aux quais de la ville.

Quand la mer se précipite par cette étroite ouverture, il en résulte un violent courant entre la pointe de Kerpenhir et celle de Port-Navalo; à ce moment, les mouvements de la mer, retardés par l'irruption de la marée, deviennent très lents au fond des étiers éloignés de l'embouchure.

Dans les grandes marées, le bassin ne se remplit pas entièrement des eaux du dehors. Au moment de la pleine mer, il se produit une dénivellation et le courant y pénètre encore, parce que la hauteur est moindre dans l'intérieur qu'au dehors; ainsi, à Port-Navalo, situé à l'entrée, le niveau du Morbihan, à marée basse, est surélevé de trente centimètres au-dessus de celui de la mer.

L'intérieur du Morbihan se comporte comme un bassin à ouverture trop étroite, ne participant au jeu des marées que d'une façon incomplète. Et dans la rivière d'Auray, l'amplitude des marées est modifiée par l'influence des courants qui sortent du Morbihan.

On a dit que ce golfe intérieur serait dû à un affaissement lent du sol ou à des effets compliqués d'érosion. Mais l'affaissement ne laisse aucun témoignage, aucun point de repère qui serve de terme de comparaison. Il y a lieu de supposer plutôt que les parties friables où se trouvent les taches de terre noire représentent les endroits qui ont été dissous par les eaux, tandis que les îlots granitiques auraient résisté.

La géographie ancienne ne nous a légué aucun document sur la topographie du Morbihan. Les Romains n'en faisant même pas mention, il semblerait qu'il n'existait pas à l'époque romaine; car, s'il avait existé, son importance eût été suffisante pour que sa dénomination eût été conservée dans l'histoire.

A cette époque, le golfe d'Auray était beaucoup moins important qu'aujourd'hui ; l'ouverture entre Port-Navalo et Kerpenhir aurait formé, dans des proportions réduites, l'unique embouchure des trois rivières d'Auray, de Vannes et de l'estuaire de la petite ville antique de Noyalo; le bassin du Morbihan, réduit alors aux modestes proportions d'un étier à plusieurs branches, s'est progressivement agrandi, par suite de différentes circonstances physiques.

Cette façon d'envisager les progrès de la mer à cet endroit nous paraît confirmée par la découverte de vestiges d'un port ancien, près de Port-Navalo, où aboutissait une voie romaine, suivie encore aujourd'hui par la route actuelle depuis Sarzeau jusqu'à Arzon. Cette route est un indice de l'importance qu'eut ce vieux port. Il n'est que fort peu de chose par rapport à ce qu'il était jadis.

De plus, on a découvert près de ce point des couteaux, des silex taillés et d'autres instruments préhistoriques, qui gisaient dans le sol au-dessous du niveau des basses mers; il y aurait eu en cet endroit une submersion de cinq mètres, ce qui contribuerait à faire croire au creusement progressif du Morbihan.

L'estuaire breton est séparé de la « grande mer » par la péninsule de Ruis, jadis couverte de forêts, dont on retrouve encore des traces dans les plages voisines, mais qui ont cédé la place à des terres fertiles, couvertes de jardins où croissent, grâce à la douceur et à l'égalité du climat, les plantes de la Provence et les arbres de l'Afrique. Ces champs produisent aussi les meilleurs blés de Bretagne, des vignes estimées et des légumes excellents.

Toute la péninsule de Ruis est couverte de mégalithes, témoignages antiques d'une époque indéterminée. Les îles du Morbihan en comptent aussi un grand nombre; entre autres celui de Gravinis, tumulus où se trouve une allée couverte remarquablement conservée.

A partir de la côte du Morbihan, on rencontre les rochers du plateau des Mâts, qui font partie d'une chaîne submergée, dont les derniers témoins sont les archipels de Saint-Jacques et du Grand-Mont. Ils s'étendent jusqu'à la pointe de Kervoyal, qui protège l'entrée de la Vilaine, la seule rivière de quelque importance qui arrose la Bretagne. Ce fleuve débouche directement dans la mer entre des rives étroites limitées par la pointe de Halguen et celle de Peulan.

Au sud de cette embouchure, le rivage est bordé de

falaises, dépassant rarement vingt mètres de hauteur et composées d'argiles et de micaschistes, matériaux solubles qui s'étalent sur les grèves environnantes, et qui s'augmentent perpétuellement au détriment des falaises.

Quelques rochers moins friables sont restés isolés

Entrée de la grotte du Chat.

au milieu des flots ; vus de loin, ils apparaissent, dans ce pays si fertile en mégalithes, comme des *menhirs* placés dans la mer par un peuple disparu.

Les environs paraissent avoir subi de profondes modifications, si l'on en croit une tradition accréditée dans le pays affirmant que Piriac n'occupait pas la place où nous le voyons aujourd'hui. Ce petit port aurait été situé plus à l'ouest, sur un point de l'espace compris entre la terre ferme et l'île Dumet. La fureur extrême de la mer sur cette partie de la côte rendrait cette tradition vraisemblable.

A la pointe de Castelli, composée de rochers d'un aspect fantastique, s'ouvrent des anfractuosités dont plusieurs sont transformées en grottes. On prétend que, parmi celles-ci, la grotte du Chat se prolonge d'un kilomètre dans les terres.

Il existe dans le voisinage un bloc de granit creusé en forme de grotte et profondément sillonné de stries longitudinales. Cette pierre, qui ressemble beaucoup à un monument mégalithique, porte le nom de Tombeau d'Almanzor, dénomination sur laquelle la tradition est muette.

A la grève du Trait de Penbaie, commence l'embouchure de la Loire, le plus grand fleuve de France et celui dont le vaste estuaire est le plus tourmenté par les mouvements contrariés des marées.

XII

L'EMBOUCHURE DE LA LOIRE

La Loire est celui des fleuves de nos côtes occidentales qui offre le plus grand écart entre la hauteur des hautes marées et celle des basses. Le niveau moyen varie chaque année et même chaque lunaison, à cause des retards dans la propagation des ondes. Ainsi il faudrait, pour obtenir une moyenne de l'étiage, diviser le bassin en plusieurs sections, chercher pour chacune d'elles une cote moyenne et ensuite, par une série de calculs, obtenir une approximation proportionnelle qui s'appliquât à l'ensemble des points.

De là une théorie qui dénote, par ses propres éléments et ses complications mêmes, son peu de valeur pour obtenir des repères certains. L'étiage a donc, dans ces conditions, un caractère purement local.

Dans les fortes crues, le fleuve atteint un débit de

dix mille mètres cubes d'eau, volume égal presqu'à celui du Mississipi. A ce moment, il s'élève à six ou sept mètres au-dessus de l'étiage et s'étend sur les prairies environnantes, qu'il laisse imprégnées de son limon.

Il est donc naturel que son régime torrentiel ait comme conséquence directe une incessante modification des contours de l'embouchure. Ces changements sont, du reste, assez rapides pour que nous puissions les suivre, dans certains endroits, au moyen des renseignements légués par l'histoire et appuyés sur la topographie.

On a calculé que l'envasement de la Loire, en amont de Saint-Nazaire, était annuellement de quatre cent six mille mètres cubes, d'après une moyenne établie de 1821 à 1844. Si l'on suppose que cet envasement est proportionnel dans la région moyenne, cela donne à Nantes un apport moyen de treize cent soixante-treize mille mètres cubes.

En s'échappant au nord, ces vases ont constitué, avec l'aide du temps, de vastes atterrissements qui ont comblé le détroit séparant autrefois de la terre ferme les îles du Croisic et de Batz. Ces deux îles sont élevées de quinze mètres au-dessus du niveau de la mer, tandis que la plaine marécageuse, qui s'étend entre elles et la terre ferme, est à peine élevée d'un mètre.

Cette plaine est même si bien nivelée, que les marais salants qui l'occupent peuvent recevoir leur eau d'alimentation, jusqu'à deux ou trois kilomètres de la côte, indistinctement, du côté du nord ou du côté du sud. Ces platins vaseux, formés par le mouvement des marées, seraient encore accessibles aux grandes marées, s'ils n'étaient canalisés en tout sens pour former les marais salants, et si la main de l'homme n'avait opposé aux flots des digues légères, mais suffisantes.

La partie occidentale, le Grand-Trait, est encore à l'état de grève sablonneuse, abandonnée peu à peu par les marées. On prévoit même l'époque peu éloignée où cette grève ne sera plus mouillée ; car le courant qui vient du nord rencontrant le flot qui s'échappe de la Loire, il se produit dans le mouvement des eaux un temps d'arrêt, pendant lequel elles déposent les vases qu'elles tiennent en suspension.

Le Croisic et Batz ne remontent guère qu'à l'époque où les îles, ayant été reliées au continent, devinrent accessibles et, par suite, habitables. Ces deux villes n'apparaissent dans l'histoire qu'à la fin du cinquième siècle ; on n'en trouve aucune mention dans les textes des géographes anciens. Avec le temps, l'espace qui les séparait du continent fut comblé, et la proximité de l'antique et féodale ville de Guérande contribua à leur fondation.

L'exploitation des marais salants constitue la principale industrie du pays. Les marais salants sont des surfaces bien planes, divisées, comme un vaste damier, en compartiments dans lesquels l'eau de mer s'évapore, abandonnant par la cristallisation le sel qu'elle contient.

Ces compartiments sont disposés de manière à favoriser l'évaporation de l'eau de mer qui se produit, à la suite d'opérations successives, par l'effet de la chaleur solaire, comme si on la déterminait artificiellement. L'eau monte, aux grandes marées, par les *étiers*, espèces de canaux creusés pour la conduire dans la *vasière*, vaste bassin d'évaporation situé au point le plus élevé de tout le système. Ce bassin est ainsi placé pour pouvoir permettre de régler ensuite l'écoulement dans les tables salantes.

Après avoir abandonné une partie des sels étrangers dans le premier réservoir, l'eau est amenée par des rigoles, munies de vannes, jusque dans les œillets où le sel se forme définitivement. Le nombre des compartiments successifs dans lesquels l'eau est progressivement amenée diffère selon les salines.

L'extraction du sel ne se faisant que pendant l'été, toute la récolte dépend de la chaleur du soleil dans les mois de juin, juillet et août. Pendant l'hiver, on laisse les marais salants sous l'eau, afin que la gelée ne puisse détériorer les cloisons de terre glaise qui séparent les compartiments. On les assèche vers la fin d'avril, on les répare, on corroie le fond de tous les réservoirs afin d'éviter les infiltrations; enfin, on refait la prise d'eau.

Dans les fortes *saunaisons*, le dépôt atteint cent à cent vingt livres de sel par œillet ; on le voit alors se cristalliser en rouge, en grandes ramifications comme des feuilles de fougère. On le recueille au moyen d'un long et léger râteau pour le laisser égoutter ensuite sur de petits plateaux réservés entre les œillets et qu'on appelle *ladures*. Les femmes viennent alors le prendre dans des *gèdres*, sorte de jattes en terre cuite qu'elles portent sur leur tête, en courant pieds nus le long des cloisons glissantes de la saline. Le sel est alors mis sur les bords, en tas ou *mulons* ; avant l'hiver, on le recouvre de terre argileuse pour le soustraire à l'action de la pluie. Ainsi garanti, il peut séjourner des années entières sans crainte de détérioration. On retrouve dans les pays à sel de ces amas qui paraissent bien anciens, si l'on en juge à l'herbe qui les recouvre. Ils indiquent malheureusement le dépérissement de l'industrie saunière sur toutes nos côtes. Quand on arrive au Croisic par un beau soleil d'été et qu'on descend les pentes des coteaux de Guérande, ces amas de sel, qui blanchissent toute la plaine, la font resplendir comme si elle était couverte de neige.

Malheureusement, cette industrie locale est à peu près morte. L'impitoyable concurrence de l'Est et du Midi force le paludier à chercher ailleurs le salaire que son métier lui refuse aujourd'hui.

De là un danger pour la santé publique. Les salines abandonnées, remplies par les pluies d'hiver et par les eaux de la mer, formeront de grands marais jaunâtres, d'immenses foyers d'infection.

En attendant, les vases, charriées par le remous du fleuve, viennent se joindre aux amas nauséabonds des végétaux aquatiques qui, l'été, envahissent ces salines. Le travail de l'homme s'arrête à peine, que la nature, qui jamais ne perd définitivement ses droits, vient en détruire les effets.

Une partie des matières transportées par le fleuve s'échoue sur les bords de l'embouchure; une autre, moins dense, s'étale sur les bas-fonds, où les couches de dépôt se superposent. Dans les fouilles exécutées aux environs de Saint-Nazaire pour la construction du bassin de Penhouët, dont la surface est de vingt-quatre hectares, on a traversé une succession d'assises limoneuses différentes les unes des autres, mais correspondant aux périodes alternantes des crues et des basses eaux.

A cet endroit, le terrain était disposé en lamelles limoneuses de trois millimètres d'épaisseur, chacune se subdivisant en trois zones distinctes : la première, végétale, correspondait à l'automne, époque de la chute des feuilles; la seconde, argileuse, correspondait aux crues de printemps qui amènent des matières limoneuses; la troisième, sablonneuse, était le résultat des courants rapides de l'hiver.

Cette sorte de chronologie, représentant toutes les phases du régime du fleuve par la superposition des couches annuelles, indiquait une épaisseur moyenne d'alluvion de trente centimètres par siècle. On y reconnaissait le retour périodique des mêmes végétaux. Ces couches se continuent aussi à travers la zone des fossiles, jusqu'à une profondeur telle, qu'on pourrait évaluer à huit mille ans le laps de temps depuis lequel ces dépôts se sont effectués.

Dès l'époque gauloise, il existait un port à l'entrée de la Loire, sur l'emplacement occupé aujourd'hui même par Saint-Nazaire. Près de ce port s'étendaient des grèves entrecoupées de marais peu profonds, communiquant avec la mer par un fossé subsistant à peine aujourd'hui. Il se trouvait à la place du Brivet, sur les bords duquel des populations gauloises avaient établi leurs demeures, si l'on en juge d'après la trouvaille d'objets antiques faite à cet endroit. A l'époque romaine, il était connu sous le nom de *Brivates Portus*.

On a découvert, dans les fouilles nécessaires aux fondations du bassin de Penhouët, des substructions de murs de quai dont M. R. de Kerviler fait remonter l'origine à quatre cent cinquante ans avant notre ère.

Selon ce consciencieux observateur de l'embouchure de la Loire, à l'origine des temps, alors que notre globe ne se composait que de roches nues, le golfe de Brière déversait ses eaux dans la vallée rocheuse du fleuve, entre les pointes de Ville-Halluard et de Penhouët. L'influence des saisons occasionna les désagrégations des flancs des vallées et forma au fond du thalweg des dépôts au milieu desquels il continue à couler.

Les fouilles nombreuses exécutées sur ces points ont permis à M. R. de Kerviler de reconstituer les effets des phénomènes d'alluvion depuis les temps les plus reculés. Dans le principe, le Brivet n'avait pas son embouchure dans la Loire, à Méan, où elle se trouve actuellement, mais dans la petite baie de Penhouët, alors toute parsemée d'îlots, entre les rochers de ce nom et la pente de Ville-Halluard, située à huit cents mètres en amont de Saint-Nazaire.

Vers le cinquième siècle avant notre ère, les rives de la baie de Penhouët étaient habitées par une population de mœurs maritimes, caractérisée par les pierres de mouillage de leurs bateaux. Alors le fond de la baie était à quatre mètres au-dessus du niveau des basses mers.

Au troisième siècle, les Gallo-Romains habitaient ces mêmes rives, où se trouvait, selon toute probabilité, le *Brivates Portus,* dans un fond de baie situé à cinquante centimètres au-dessus des basses mers.

Ce n'est que vers le ix° siècle que le Brivet, rencontrant un obstacle dans son lit vaseux de Penhouët, se détourna de sa voie ordinaire, à deux kilomètres en amont de son embouchure, et vint se jeter à Méan.

Toutes les terres basses de ce côté de la Loire étaient submergées, s'il venait une violente marée ou s'il se formait un bourrelet de sable, empêchant l'écoulement des eaux de l'intérieur.

Le déversement de ces eaux saumâtres se faisait alors par un canal plus large, puisque l'eau était plus abondante. La Grande-Brière s'étant comblée progressivement, l'exutoire a été envasé. Ce même marais a d'ailleurs été considéré comme ayant formé un golfe marin comblé par les alluvions séculaires de la Loire.

La Grande-Brière consiste aujourd'hui en un immense marais tourbeux ayant vingt kilomètres de long sur quinze de large, s'étendant depuis Herbignac jusqu'à la Loire et séparé des dunes et des marais salants par une succession de plateaux peu élevés. Pendant l'hiver, cette vaste plaine est couverte d'eau et ressemble de loin à un immense lac de huit mille hectares de superficie. On y pêche du poisson en abondance. Chaque hameau est comme une île qui surnage au-dessus de la plaine inondée; et l'illusion est encore augmentée par la forme circulaire de chacun d'eux.

Dès que les chaleurs sont arrivées, on assèche la tourbière à l'aide de nombreux canaux d'irrigation, dont on ouvre les écluses et qui se déversent dans la mer. Dans le courant du mois d'août, pendant une période de huit jours, il est permis à tous les habitants de venir extraire la tourbe; alors cette contrée, ordinairement triste et déserte, prend un aspect animé, grâce aux milliers de personnes qui se répandent sur la vaste plaine. On extrait ainsi tous les ans quatre à cinq millions de tonnes de tourbe.

L'emplacement de la Grande-Brière était occupé, aux

temps géologiques, par des forêts qu'ont détruites les irruptions de la mer entre Saint-Nazaire et Montoir. Les bois qu'on rencontre dans la tourbe sont tous des chênes ou des bouleaux, atteignant jusqu'à dix mètres de long; ils sont de plus couchés sur un lit de feuilles carbonisées. Les riverains en extraient chaque année de grandes quantités, les utilisant comme bois de chauffage, et même comme bois de charpente.

Ce bois offre une particularité : complètement noir et très mou, lorsqu'il sort de la tourbière, il se travaille facilement et, en séchant, acquiert une grande dureté.

On a découvert, à ce même endroit, des instruments de l'âge de bronze qui, par leur fini et leur régularité, indiquent la dernière et la plus belle période de cette époque.

Lorsqu'on pénètre dans cette contrée, on éprouve une étrange impression : tout autour de soi, rien qu'une plaine noirâtre et déserte; pas le moindre sentier, pas la moindre trace d'un être vivant; partout le silence absolu; dans le lointain seulement un coteau bleuâtre, parsemé çà et là de quelques clochers élancés.

Pendant les fortes chaleurs de l'été, quand le temps est calme, on peut admirer sur ces bords le phénomène du mirage, dû aux couches d'air échauffées fortement à la surface d'un sol recouvert d'herbes jaunes et desséchées. Au centre, se présente un phénomène non moins curieux : le terrain est poreux et d'un noir mat; il en

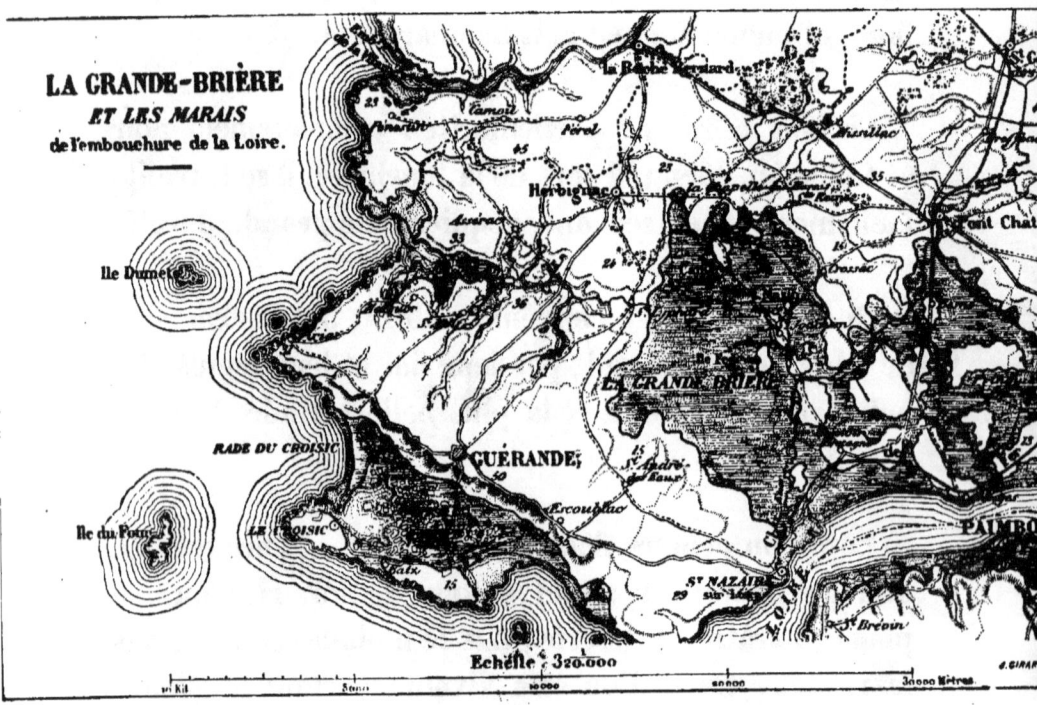

résulte un affaiblissement de lumière qui donne au ciel une teinte blafarde d'un effet étrange.

Au milieu de cette solitude s'élèvent des villages relativement très peuplés, qui sont placés sur des éminences émergeant de quelques mètres au-dessus de la plaine liquide; ils portent les noms d'îles de Fedrum, de Pandille, d'Inaud, d'île Mazin, etc. Le drainage du marais est assuré par un système de canaux qui se déversent dans l'étier de Méan, pour la partie principale de la Grande-Brière, et dans le canal de la Taillée, continué par celui de Martigné, pour la partie secondaire.

La population de la Grande-Brière-Mottière offre un caractère particulier : les Briérons sont en partie des travailleurs salariés, en partie de petits propriétaires possédant une maison et un petit champ. C'est un mélange de propriété collective et de propriété individuelle; dix-sept communes ont la possession indivise de ce domaine, d'après des titres qui remontent au seizième siècle. La gestion collective est confiée à un syndicat des conseils municipaux. Cette population possède des mœurs et des coutumes particulières; quoique ses conditions d'existence se soient améliorées, l'industrie de la tourbe décroît sensiblement chez elle.

Au sud de l'embouchure de la Loire, les côtes ont moins été transformées par le mouvement des eaux. Après avoir dépassé une roche reconnaissable entre toutes, la roche de la Banche, percée à son milieu d'une ouverture naturelle, et qui sert de relèvement aux pilotes, quand on a contourné la pointe Saint-Gildas, on est en présence de l'immense baie de Bourgneuf. Ses côtes, émergeant à peine au-dessus de l'horizon, sont ici le résultat des alluvions déposées par la mer, depuis les temps les plus reculés. Les progrès constants de ces dépôts continuent à combler les parties les plus profondes du golfe.

En étudiant l'ancienne topographie de la baie d'après des cartes datant seulement de deux siècles, on voit la

Le rocher percé de la Banche, à l'entrée de la Loire.

marche progressive des atterrissements. Au milieu de la baie de Bourgneuf se trouvait l'île de Bouin, petite éminence sablonneuse habitée par des pêcheurs. Aujourd'hui que le golfe a été comblé, le nom d'« île de Bouin » est resté à la plaine des marais salants, d'ailleurs isolée d'un côté par la mer et de l'autre par l'étier du Daim, fossé de huit ou dix mètres où l'eau pénètre pendant deux heures au moment de la marée.

Aux temps préhistoriques, lorsque la mer s'avançait jusqu'au fond de la baie de Bourgneuf, ce n'étaient là que des grèves pareilles à celles que nous avons vues à

Pornic.

la baie du Mont-Saint-Michel. Couvertes seulement aux grandes marées, elles étaient parsemées de faibles éminences dont les noms ont été conservés; près de Machecoul, on voit l'île Gaudin, le Tertre, les Buttes, etc.; à côté de Bois-de-Céné on voit l'île Chavet, où subsiste un vieux monastère en ruine, construit au douzième siècle.

Le village de Bouin, situé au milieu des anciennes grèves, n'est réellement qu'un îlot agrandi par les alluvions. Une carte de 1579 indique Notre-Dame de Bouin comme une île isolée; la même observation peut être faite pour l'île Chauvet et Bois-de-Céné. Beauvoir-sur-Mer se trouve placé sur cette carte comme il est aujourd'hui, mais l'exutoire du Marais occidental, le canal de Perrier, paraît avoir eu des proportions qu'il n'a plus aujourd'hui. La plupart des villes indiquées sur cette ancienne carte existent encore.

L'île de Noirmoutiers a été transformée aussi par les alluvions de la Loire, comme tous les points de la baie de Bourgneuf, d'autant plus qu'elle est située à la rencontre des courants du golfe de Gascogne et de celui de la Manche.

D'après Ptolémée, cette île aurait été rattachée au continent. A l'époque romaine, elle était considérée comme faisant partie d'un archipel mal défini et dénommé : *Insulæ Nametum*. On donne aussi à Noirmoutiers l'étymologie de *Nigrum monasterium* (le monastère noir), désignation qui est peu d'accord avec l'abbaye *Blanche*, indiquée sur la carte de 1579. Quelques historiens la regardent encore comme l'île de Seyne, placée par Strabon à l'entrée de la Loire.

Noirmoutiers a le double privilège d'être rattachée au continent au moment de la mer basse, et d'être effectivement une île à la haute mer. Elle communique avec la terre ferme par une chaussée empierrée, dite le *Gua* (ou gué), de cinq kilomètres de long, où s'engagent les voitures et les piétons aussitôt que la mer s'est retirée. Si un voyageur imprudent était surpris par la marée, qui arrive très rapidement sur les immenses grèves du Fain, il aurait encore la faculté de grimper sur des refuges élevés de distance en distance sur le côté de la route. Il pourrait, perché sur un de ces échafaudages en charpente, attendre la baisse des eaux.

Quoique la route des grèves soit la plus fréquentée, on peut aussi aborder l'île en bateau, à toute heure de la marée, par le détroit de Fromentine, dont le milieu est occupé par une fosse large d'un kilomètre à basse mer. On atteint ainsi l'extrémité orientale de l'île.

Noirmoutiers est composée de deux parties distinctes : l'île proprement dite, dont la plus grande longueur atteint six ou huit kilomètres, et l'isthme de sable de douze kilomètres de long, reliant le noyau de l'île au détroit de Fromentine, point le plus rapproché du continent.

Cet isthme, composé de dunes et de plages sablonneuses, a été surtout édifié par les lames qui battent la côte sous l'impulsion des forts vents d'ouest et qui, de ce côté, se précipitent avec une majesté toute-puissante, tandis que, de l'autre, la mer, après avoir passé sur de vastes grèves, est beaucoup plus calme. Par suite de ce mouvement différent des deux côtés, les sables s'accumulent en dunes à l'ouest, tandis que de l'autre côté les vases s'y déposent à chaque marée.

Les travaux des hommes complètent ceux de la mer : ce sont des renclôtures de grèves. Continuées depuis le commencement du siècle, elles ont augmenté de plus de cinq cents hectares le territoire de Noirmoutiers. Mais, si la mer laisse facilement empiéter sur son domaine, elle oblige aussi à prendre des précautions pour que l'isthme ne soit pas rompu. Aux environs de la Guérinière, celui-ci n'a pas un kilomètre de large. Les tempêtes lui font des brèches qu'il faut réparer souvent. D'après la tradition locale et les repères connus dans le pays, la mer aurait gagné, du côté des grèves du Fain, une large bande de terrain depuis le quinzième siècle.

Entre la chaîne de dunes littorales et le Bocage vendéen s'étend le Marais occidental, aujourd'hui entièrement desséché et livré à la culture depuis deux siècles. Cette plaine n'offre guère aux regards que ses dunes avec quelques bouquets de tamarins, de saules, de peupliers et d'ormeaux; elle contraste par son uniformité et sa surface nivelée avec le Bocage, si gracieux avec ses bouquets de bois et ses champs ondulés, entrecoupés de haies.

Le Marais écoule encore ses eaux par le canal de Perrier, étier au cours régularisé qui se déverse au nord près la Barre-de-Mont, et dans le sud par la rivière de la Vie, dont l'embouchure est à la Croix-de-Vie.

La chaîne des dunes s'étend sur une largeur de trois kilomètres tout le long de la côte jusqu'à la pointe de la Garenne, où elle disparaît pour reparaître de nouveau aux Sables-d'Olonne. Cette ville est bâtie sur un bourrelet de dunes qui barre l'embouchure de l'Ausance.

Inclinant ensuite fortement à l'ouest, la côte, tantôt rocheuse, tantôt couverte de dunes amoncelées dans les anfractuosités, présente successivement plusieurs criques : l'embouchure du Payré, navigable autrefois jusqu'à Talmont; le havre de la Conchette, près du Iard; la pointe du Grain-du-Cou, derrière laquelle s'abrite la Tranche; puis l'embouchure du Lay, estuaire creusé dans les sables par les mouvements de la marée, et enfin la baie de l'Aiguillon, dernier témoignage d'un golfe ancien en train de se combler.

XIII

L'ANCIEN GOLFE DU POITOU

L'Océan semble avoir pris pour tâche de transformer par ses puissants mouvements rythmés toutes les rives que ses flots viennent toucher. Sapant les promontoires avec une majestueuse lenteur, il nivelle les fonds avec leurs débris. C'est ainsi que le Marais a été formé par les apports séculaires des courants marins qui ne cesseront d'exister que quand leur œuvre sera terminée.

Le Marais occupe la place d'un ancien golfe peu profond où se déversaient les rivières de la Sèvre, du Mignon, de la Vendée, du Lay et autres ruisseaux, dont l'embouchure, éloignée d'année en année du bord de la mer, se frayait une issue, grâce seulement aux incessants mouvements de la marée.

Il ne reste plus du golfe, qui s'étendait jusqu'à Niort,

que la baie de l'Aiguillon, dernière anse formée des contours réduits de ce qui fut le golfe du Poitou ; elle a une profondeur de sept kilomètres sur une largeur de neuf, dimensions qui diminuent de plus en plus chaque année.

Dans cette baie vaseuse, ni les vents du large ni les perfides courants de marée ne se font sentir. Les fureurs du Pertuis breton, les remous dangereux du gouffre de Cheravache y sont inconnus. Mais les eaux jaunâtres chargées de tout le limon de la Loire et de la Gironde viennent lentement se déposer sur les platins de ses rives.

Le sol du Marais a été constitué par ces dépôts qui avec le temps se dessèchent et transforment leur consistance pâteuse en une terre argileuse : la terre de Brie. Elle devient d'une fertilité remarquable, et sa nature compacte permet de l'employer avec avantage à la fabrication des briques et même de la pouzzolane.

Tout ce sol a été nivelé par la plus haute vague de chaque marée, avec la rigoureuse précision des mouvements de la mer. Il résulte de cet aplanissement trop parfait une grande difficulté dans l'écoulement des eaux intérieures, les canaux n'ayant d'autre déclivité que celle qu'on obtient en creusant de plus en plus leur fond envasé, afin de provoquer un courant presque insensible au moment de la basse mer.

Le marais du Poitou joint à ceux de l'embouchure

de la Charente et de la Seudre occupe une surface de soixante-dix mille hectares, et on estime que les conquêtes qu'assureraient encore des travaux d'endiguement pourraient l'augmenter de dix mille hectares.

On peut diviser le marais en trois régions, suivant son degré d'asséchement : 1° marais secs, livrés à la culture ou convertis en prairies; 2° marais demi-desséchés, où les eaux croupissantes sont un foyer de miasmes paludéens qui engendrent des fièvres; 3° « marais gâts », anciens marais salants depuis longtemps inexploités, envahis par les eaux stagnantes, parsemés de roseaux et d'une végétation aquatique particulière. Ceux-ci sont soumis à la submersion et au desséchement périodique suivant l'évaporation produite par la saison.

Les « marais mouillés », bien que restant à sec pendant l'été et même une partie du printemps, sont plus salubres, parce que des bouquets de bois croissent sur les parties les plus élevées qu'entourent des fossés d'écoulement. La plus grande partie de leur surface est ainsi occupée. Mais le reste abonde en roseaux, en saules, en frênes dont les fagots s'exportent jusqu'à La Rochelle. Les roseaux servent à couvrir les cabanes des *huttiers,* habitants de cette région submergée, qui vivent sous ce modeste toit avec une famille nombreuse et leurs animaux domestiques.

Toute cette plaine d'alluvion, vue de loin, se confond avec la mer; elle est cependant parsemée d'éminences sablonneuses, qui représentent d'anciens îlots, d'anciennes dunes, dont quelques-unes conservent encore un alignement sensiblement parallèle à la direction du rivage actuel. Avant le comblement du golfe, quand la mer s'épanchait au milieu des grèves, converties en prairies, ces éminences furent le noyau des centres de population restés jusqu'à nos jours; les huttes de roseaux se sont peu à peu transformées en villages, dont les plus anciens sont les plus voisins du fond du golfe : Vouillé, l'Ile-Delle, le Gué-de-Velluire; sur le bord de la Vendée : Vic, Marans, Chaillé, Triaize.

Au sommet de la longue colline sablonneuse qui domine la plaine, on retrouve les villages des Grues, de Champagné, de Puyravault, de Sainte-Radegonde. Le village de Charron est un des derniers abandonnés par la mer, puisqu'au dix-septième siècle les barques de pêche s'échouaient sur sa plage. La position qu'il occupe, comparée avec la limite de la mer, indique un recul de mille cinq cents mètres.

Le hameau des Grues est l'emplacement même de l'ancienne île des Grues, qu'on voyait isolée à marée haute au dix-septième siècle. Saint-Michel-en-l'Herm était port de mer en 1670; des documents de cette époque le représentent comme étant le port d'attache de quarante navires; un autre document de 1704 indique qu'il n'y avait plus à cette époque que deux bateaux de pêche. On ne reconnaît plus l'emplacement de ce port, qui était attenant au village.

On rencontre dans le voisinage de Saint-Michel-en-l'Herm des buttes allongées, formées d'un amas de coquilles d'huîtres et de mollusques marins ; leur hauteur atteint dix mètres au-dessus du sol ; on les a regardées comme les jetées dépendant de l'ancien port ; l'une a cinq cents mètres de long, l'autre, celle du nord, a deux cent quarante mètres.

On les avait crues d'abord produites par un effet naturel des eaux, ces collines de coquilles qui sont réellement dues à la main des hommes. L'examen de leur relief, la nature et la disposition des matériaux démontrent qu'elles ne peuvent être le résultat du mouvement de la mer. On suppose que ces ouvrages auraient été un commencement de chaussées ou de digues destinées à relier les éminences du marais entre elles, ou à former un port près de l'îlot où elles aboutissent.

Il paraît cependant probable que ces étranges vestiges incompris n'ont pas pour origine des matériaux extraits des environs, et que la présence de coquillages indique au moins le voisinage de la mer. On retrouve encore d'autres buttes composées de pareils matériaux à l'île de la Dive, où elles atteignent une longueur d'environ cinq cents mètres.

On a élevé dans le Marais tout un système de digues et ménagé avec art les plus faibles avantages de la pente dans un réseau de canaux grands et petits, assurant le drainage et l'écoulement des petits cours d'eau. Leur embouchure est entretenue avec soin et purgée des matériaux que la mer y dépose.

Un canal de ceinture, nommé, du côté de Luçon, « canal des Hollandais », probablement en souvenir de la coopération des ingénieurs de cette nation, circonscrit d'abord tout le Marais, recueillant les eaux des collines, et celles qui sont les plus éloignées de la mer. D'autres canaux, protégés contre les élévations excessives des marées par de fortes digues, se dirigent vers la Sèvre Niortaise et se déversent, au nord de cette rivière, dans un large canal latéral allant depuis Maillerais jusqu'à l'anse du Brault. Dans ce système artériel débouchent d'innombrables fossés.

Depuis 1643 on a conquis ainsi de proche en proche un territoire de quarante mille hectares. Ces marais plus ou moins desséchés, avec des fossés remplis de roseaux, ces canaux jonchés de blancs nénufars, ces prairies inondées pendant l'hiver, la mer qu'on entrevoit dans un lointain horizon du haut des buttes, tandis que du côté opposé la vue se repose sur les collines boisées du Bocage, tout cela fait du Marais une contrée étrange, ayant une certaine ressemblance avec les prairies d'alluvion d'Amérique.

La Sèvre Niortaise est restée le collecteur principal de la majeure partie des eaux ; elle est même assez bien entretenue pour être navigable jusqu'à Marans, situé à onze kilomètres de la mer, pour les bateaux de deux cents tonneaux qui savent profiter de la marée. On a établi à Marans un barrage mobile, destiné à séparer les eaux douces des eaux salées et à maintenir dans la Sèvre supérieure un niveau convenable à la navigation et au rafraîchissement des marais.

Aux équinoxes, la marée remonte la rivière jusqu'à quatre kilomètres au-dessus de Marans, à un point nommé « le Gouffre », où se trouve le confluent de la Sèvre Niortaise et de la Vendée. Elle aurait même remonté jusqu'aux murs de Niort, car on a découvert tout près de cette ville des bancs de coquillages apportés par la mer.

Par suite du comblement du golfe, la petite rivière s'est allongée en traçant des méandres où l'on voit des traces de ses luttes contre des obstructions qui se succédaient presque sans intervalle.

Elle reçoit les eaux de tous les canaux.

L'anse de l'Aiguillon représente le dernier indice de ce qui fut jadis l'ancien golfe du Poitou, dont l'ouverture atteignait de trente-cinq à quarante kilomètres. Les contours de l'anse de l'Aiguillon sont irrégulièrement marqués par la limite des marées, et la zone mouillée n'a pas toujours la même largeur. La vase demi-liquide que les eaux y remuent a si peu de consistance, qu'elle ne peut supporter le poids d'un homme que pendant l'été, après avoir été égouttée et desséchée par le soleil.

La vase molle s'accumulant sur la vase sèche, il en résulte une zone d'atterrissement évaluée à soixante centimètres sur tout le pourtour de la baie de l'Aiguillon. Cette zone comprend, sur tout le développement de la baie, une surface d'environ trente hectares.

On peut donc supputer, en partant de cette donnée,

l'époque où a commencé l'envasement du golfe poitevin et, par suite, à quelle date son dernier vestige disparaîtra. Si les alluvions se poursuivent dans les mêmes conditions, avant deux siècles, la baie de l'Aiguillon n'existera plus. Si, d'un autre côté, on regarde comme limite du fond de l'ancien golfe les prairies voisines de Niort, sur les bords de la Sèvre Niortaise, on en déduit qu'à une époque antérieure seulement de quelques siècles à la conquête des Gaules, la mer baignait encore les environs de Niort.

Le remblai de l'ancien golfe est dû aux effets des courants de marée, qui s'arrêtent devant la baie de l'Aiguillon, transformée en un vaste bassin de décantation où les matières meubles contenues dans les eaux jaunâtres se déposent en vertu du calme des eaux et de leur propre densité. Chaque marée laisse une couche de dépôts qui s'ajoute à la couche précédente.

On a fait intervenir aussi un soulèvement lent du sol, pour expliquer le comblement du golfe. Cette hypothèse fut mise en avant aux onzième et douzième siècles, où une tradition admise dans le pays mentionnait un soulèvement du sol qui aurait eu lieu dans l'espace d'une seule nuit.

Cette dernière explication admise, grâce à l'amour du merveilleux, au moyen âge, est péremptoirement réfutée par la régularité de l'écoulement des eaux. S'il y avait eu un exhaussement du sol, les eaux de l'intérieur, accumulées dans le fond de l'ancien golfe, n'auraient plus eu

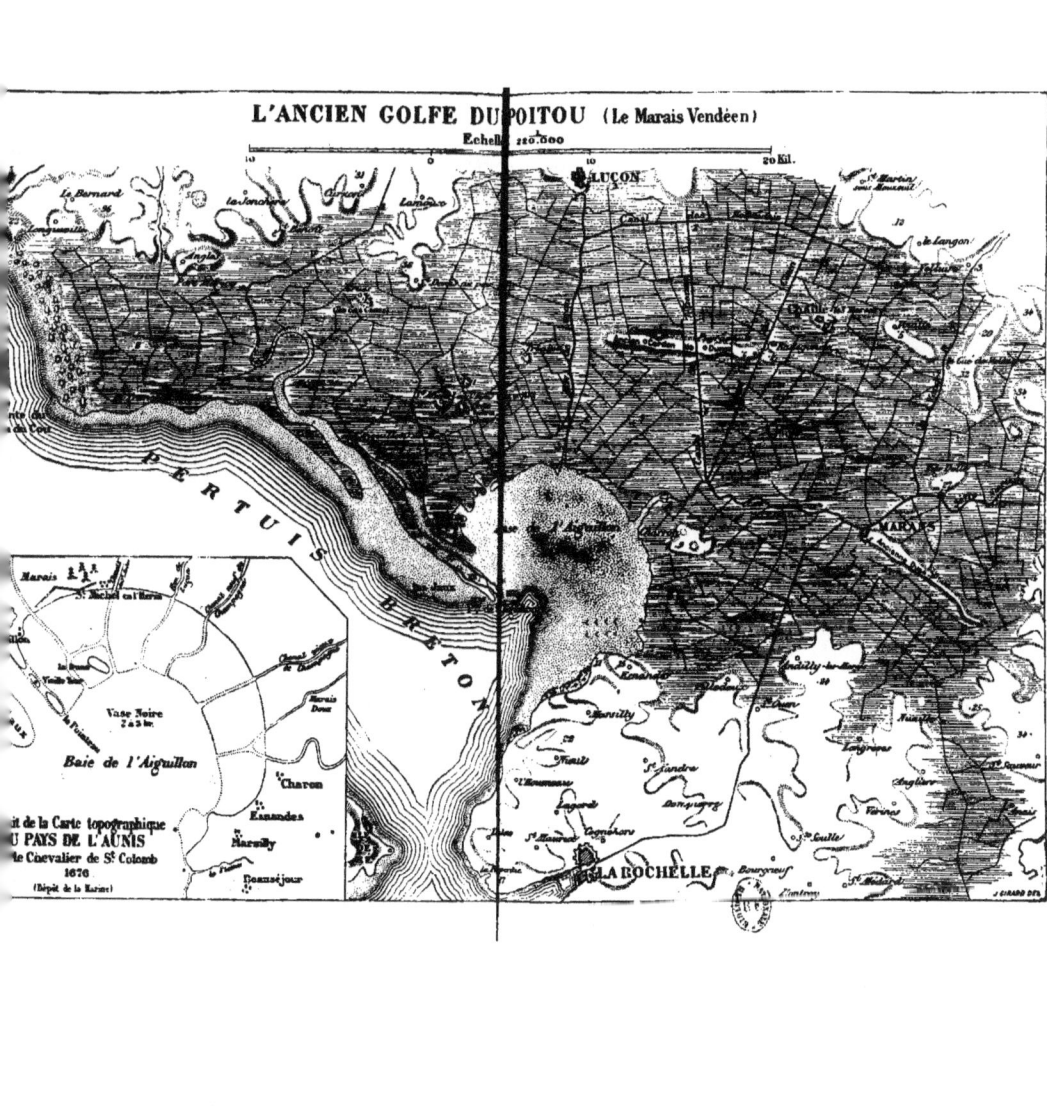

d'issue. Or le drainage, plus étendu aujourd'hui qu'au moyen âge, fonctionne régulièrement. Il est donc plus simple de considérer les modifications continuées depuis les temps reculés comme le résultat du mouvement des eaux.

Ces mouvements méthodiques apportent des changements incessants à la flèche de sable de la pointe de l'Aiguillon, qui se trouve être comme un indicateur automatique de leur direction et de leur intensité. Au moyen âge, elle était voisine du village d'Aiguillon, qui existait encore. Placé sur le versant d'une ancienne dune, il était baigné par la mer ; actuellement, il est sur l'estuaire peu profond du Lay : une bande de dunes parallèles à la direction des courants s'étend jusqu'à la pointe de la Roche, tandis que la pointe de l'Aiguillon, s'allongeant dans le même sens, se trouve aujourd'hui à dix kilomètres du village. Celui-ci est un repère fixe, tandis que la pointe s'est toujours avancée au sud, en conservant le nom du village qui fut son point de départ.

Cette pointe s'est toujours allongée d'une manière continue par les dépôts qui se font au point de renversement de la marée. L'élargissement se produit surtout vers le sud; tantôt elle se recourbe de quelques centaines de mètres à l'est, tantôt elle incline à l'ouest ; mais il résulte en somme de tous ces mouvements un allongement réel.

Le vent est l'auxiliaire des courants pour remuer les

sables : le village des Loges, bâti sur le cordon de cette pointe, a été enseveli ; l'ancien château fort, construit à plus de cent mètres de la limite de la marée, a été démoli à la suite d'une tempête.

Parmi les rares documents concernant cette singulière baie, nous retrouvons une « carte topographique du pays d'Aunis…, par le chevalier de Saint-Coulomb », 1676, où sont esquissés ses principaux caractères. Nous y voyons l'Aiguillon, placé sur une langue de terre distincte du Marais; la flèche de la pointe de la Roque n'est pas plus indiquée que l'estuaire du Lay; la pointe de l'Aiguillon ne consiste qu'en quelques dunes, dont la chaîne interrompue laisse passer la mer; sur l'une d'elles existait une tour enlevée par la mer. Le banc des Jaux y figure comme étant détaché du rivage, tandis qu'aujourd'hui ce nom, conservé, est appliqué à l'extrémité d'une vaste grève de deux kilomètres de large.

On y voit aussi la butte de la Dune, probablement l'île de la Dive, entourée d'étiers; cette situation a beaucoup de ressemblance avec l'état actuel. Mais Saint-Michel-en-l'Herm, aujourd'hui à cinq kilomètres de la haute mer, est presque sur le bord de la plage. Les canaux d'écoulement aboutissant à la baie, disposés sur cette ancienne carte avec plus de symétrie que de science topographique, sont à peu près tels qu'ils existent encore, sauf quelques différences dans leurs distances respectives. Charron, Esnandes, Marsilly, sont encore à leur place. Si l'on compare ces positions avec celles de l'Aiguillon et de Saint-Michel-en-l'Herm, on est amené à conclure que les progrès de l'envasement ont été plus rapides dans le nord-ouest que dans le sud-est, ouvert plus directement à l'arrivée des eaux. Cette observation correspond parfaitement à ce qui se passe encore maintenant et confirme nos idées sur la façon dont l'envasement se produit.

Dans la baie de l'Aiguillon, on pratique l'élevage des moules d'après une méthode de culture inaugurée en 1046, par l'Irlandais Patrice Walton.

Quand on gravit la côte dominant le village d'Esnandes, on se trouve d'abord en présence d'une vaste nappe d'eau qui se confond avec le terrain bas du marais. On voit les modestes cabanes de pêcheurs et, à un plan plus éloigné, la pointe de l'Aiguillon ; puis, à gauche, Saint-Martin-de-Ré. Quand la mer se retire, elle laisse à découvert d'immenses platins vaseux d'une teinte grise.

De toute cette surface, unie comme une glace et qui se confond avec l'horizon, on voit bientôt émerger hors des eaux, au fur et à mesure du retrait de la marée, une masse régulière, qui, à travers la brume, ressemble à une ville submergée, dont la perspective décroissante se mêlerait avec la teinte neutre du fond du tableau. Ce sont les *bouchots* destinés à la culture des moules.

Aussitôt les eaux écoulées, on voit s'élancer sur la vase des êtres aux formes bizarres, moitié hommes, moitié bateaux, agitant avec vivacité une seule jambe.

Ils pénètrent dans les interstices des clayonnages des bouchots, disparaissent dans un labyrinthe de rues; puis, au moment où la mer vient reprendre son domaine, où la ville sous-marine est de nouveau recouverte, ils regagnent la grève et tout rentre dans le calme.

La population de Charron, d'Esnandes, de Marsilly, c'est-à-dire plus de trois mille personnes, vit de l'élevage des moules; les bouchots se sont étendus sur toute la baie; ils sont au nombre d'environ quatre cents. Les hommes s'y rendent avec l'*acon* ou pousse-pied, sorte de petit bateau plat que l'on saisit des deux bords, un genou posé sur le fond, pendant qu'une jambe munie d'une longue botte plonge dans la vase comme une rame dans l'eau.

Cette industrie, toute locale, est sujette aux vicissitudes des saisons dues aux caprices de la mer.

Lorsque les vases, amoncelées par les mauvais temps d'hiver, menacent de submerger les bouchots, apparaît un insecte, le coryphée à longues cornes. Se multipliant par quantités énormes, il remue la vase et arrête ainsi la formation des sillons profonds que creusent les vagues d'hiver et qui rendraient difficile l'accès des bouchots avec l'acon. L'apparition de ce faible insecte est indispensable à l'aisance des habitants de ces rivages vaseux.

XIV

LA CHARENTE

Les côtes de l'Aunis et de la Saintonge ont participé aux importantes transformations de celles du Poitou. Peuplé depuis l'époque la plus reculée, si l'on en juge par les nombreux mégalithes, ce pays conserve aussi plusieurs noms géographiques d'origine celtique.

Les îles de Ré et d'Oleron apparaissent comme les derniers fragments des côtes détachées du continent par les violences et les érosions de la mer; elles représentent le squelette des terres absorbées avant même la période historique.

L'île d'Oleron était connue des Romains sous le nom d'*Uliarius insula*. Comme Noirmoutiers, cette île avait, plus encore qu'aujourd'hui, le privilège d'être accessible à pied sec, à marée basse, par une route relativement courte. Les rochers et les platins entourant l'île témoignent qu'elle a été reliée au continent. En 1484, Oleron était réunie au rocher d'Antioche par une chaussée dont on voyait encore les restes plusieurs siècles après.

Les sables sont le fléau perpétuel de cette île aux terres basses, sans protection contre le vent de mer qui ne s'apaise jamais : c'est le vent qui a transformé les terres en dunes ou *puechs,* avec une telle rapidité que les dunes des Saumonards, près Boyardville, occupent à elles seules le quart de la surface de l'île; au sud, les dunes de Saint-Trojan, qui ont une surface considérable, ont recouvert le village de ce nom, y compris son église. Les courants des pertuis ont été le principal agent de ces mouvements par lesquels le sable laissé sur la grève pendant la marée haute est soulevé ensuite sous l'impulsion du vent.

L'île de Ré est aussi plate que l'île d'Oleron. Elle s'étend parallèlement à la côte vendéenne, séparée du continent par un bras de mer peu profond. Une tradition conservée dans l'île rapporte qu'il aurait existé sur la côte une ville appelée « Antioche » en souvenir des croisades, et qui aurait été engloutie par la mer, d'où peut-être le nom de « pertuis d'Antioche ». Les attaques de la mer auraient coupé l'île en deux, à l'isthme du Fiers-d'Ars, qui n'a que soixante-dix mètres de large, sans les travaux d'endiguement et les dunes du sud. Les salines du Fiers-d'Ars seraient perdues et les terres

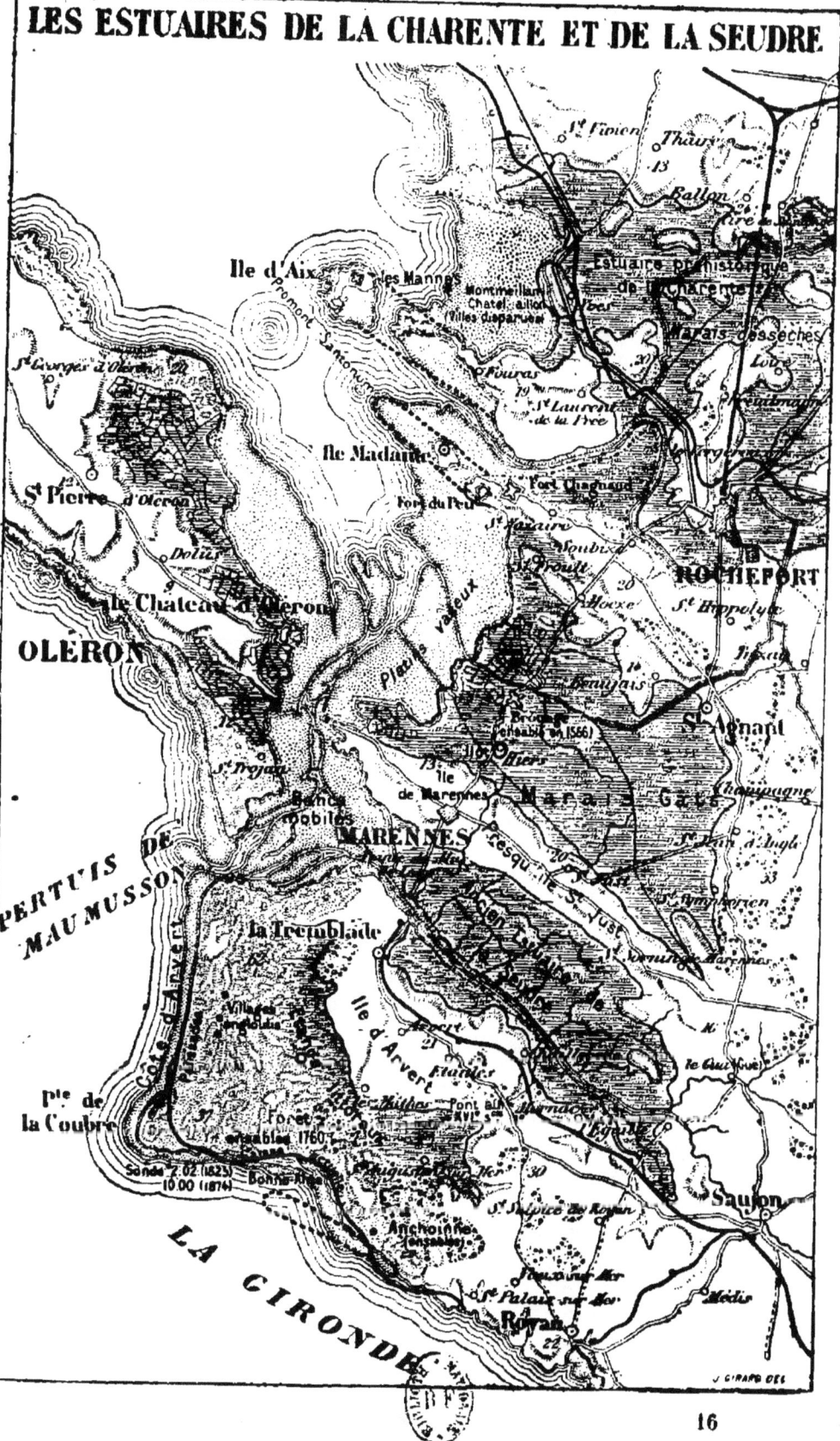
LES ESTUAIRES DE LA CHARENTE ET DE LA SEUDRE

inondées. D'un côté de cet isthme brise une mer furieuses tandis que, du côté du continent, les eaux sont calmes. Dans les tempêtes, on sent le sol frémir sous le choc des vagues.

Si le vent de mer empêche les arbres d'y croître, la terre n'en est pas moins fertile ; elle est divisée à l'infini, et chaque habitant en possède une parcelle. Elle n'est cultivée qu'à bras d'homme.

Toutes les côtes voisines de l'embouchure de la Charente ont été soumises aux effets des courants des pertuis. L'histoire indique des villes situées autrefois dans ces parages, dont les dénominations n'ont pu être identifiées avec aucun nom de pays actuel ; on a été amené à en conclure que ces villes, qui à l'époque romaine étaient peu éloignées du rivage, avaient été détruites par la mer.

Ainsi il est probable que, des deux côtés de l'embouchure de la Charente, s'avançaient deux langues de terre bien plus longues que celles qu'on y voit aujourd'hui : l'une s'étendait depuis l'île Madame jusqu'au rocher de Porteret, point extrême des Palles, et l'autre allait depuis Fouras jusqu'à l'île d'Aix. La pointe du plateau des Palles, à moitié submergée aujourd'hui, formait le promontoire des Santons, c'est-à-dire de la Saintonge.

Entre l'île d'Aix et le continent se trouvait un isthme de six kilomètres de longueur sur lequel les historiens de la Saintonge ont placé la ville aujourd'hui disparue de Montmeillant, qu'on peut aussi rechercher sur le plateau des roches des Mannes, à l'est de l'île d'Aix. La même incertitude règne à propos de la ville de Chatelaillon, une des plus puissantes seigneuries de la côte et marché important sous Charlemagne. A la suite des guerres, ces villes furent probablement abandonnées, et la mer acheva de les détruire.

Les documents historiques sont loin d'être muets sur La Rochelle, car elle est mentionnée dans les Chroniques à partir de 1023. Il y est dit qu'elle a été fondée sur une éminence au milieu de terres basses et marécageuses. Les Anglais lui donnèrent au moyen âge le nom de ville Blanche, à cause de la couleur des côtes voisines. D'après une carte de 1373, la ville semblait florissante; elle était alors entourée de marais salants qui lui servaient de zone défensive.

D'autres plans de la ville, se rapportant aux époques suivantes, indiquent encore des traces de marais aux alentours des murs de la ville.

Un plan de 1621 montre que l'emplacement actuel de la place Hébert se trouvait sur ces marais.

La Rochelle a été prospère au moyen âge par sa position géographique; comme Venise, elle s'est élevée au milieu des lagunes, elle s'est peuplée de proscrits chassés par les guerres, qui venaient se grouper autour d'un château fort.

Rochefort fut contemporain de La Rochelle ; cette ville existait déjà en 1028, près d'un château situé à l'endroit où s'élève aujourd'hui la Vieille Paroisse. Le terrain sur lequel la ville est bâtie est une alluvion de l'estuaire de la Charente, qui ne paraît pas avoir changé de place depuis le moyen âge.

Cependant les évolutions de la mer ont depuis des siècles fait échec aux travaux des hommes : si Rochefort, situé à l'intérieur des terres, a subi peu de transformations, La Rochelle a eu son port tellement envasé que les navires de moyen tonnage s'en voient l'accès interdit ; dans un siècle il sera comblé, comme le fut, du reste, en 1373, le port originaire, situé à l'endroit occupé aujourd'hui par la place d'Armes.

D'après les anciennes cartes hydrographiques, il y avait au dix-septième siècle, au pied de la tour Richelieu, un mètre d'eau de plus qu'il n'y en a aujourd'hui. Tels qu'ils sont et surtout tels qu'ils menacent d'être bientôt, les abords du port sont de plus en plus incompatibles avec les exigences de la navigation.

Pour rendre à la ville sa prospérité du temps de Richelieu, on a proposé de creuser un nouveau port dans l'anse de la Repentie, à cinq kilomètres à l'ouest. Les courants y annulent les envasements et les navires trouveraient à quelques centaines de mètres du nouveau port des fonds de dix mètres.

Un port naturel existait déjà à cet endroit aux temps anciens; il a été obstrué par un bourrelet de sables.

Les vases et les sables se déposent sur les côtes de la Charente comme dans la baie de l'Aiguillon. Les circonstances sont les mêmes : les courants chargés de matières meubles, perdant leur vitesse sur les platins littoraux, déposent une matière pâteuse, qui devient consistante en séchant au soleil et se transforme en croûtes dont la superposition constitue un nouveau sol.

Des levers remontant à un demi-siècle indiquent un avancement moyen de cinquante centimètres par an. Cette mesure concorde avec celles qu'ont fournies les anciens géographes de la Saintonge.

Elles sont d'accord aussi avec ce qu'on sait de Brouage. Brouage est un port ancien relégué maintenant à trois kilomètres de la mer, avec laquelle il ne communique plus que par un canal. Il a été identifié avec le *Portus Santonum*. Il est dépeint par Gérard Mercator comme étant un port important. Il florissait aux quinzième et seizième siècles. Du temps de Richelieu, il était encore accessible aux navires d'un certain tonnage. Ils arrivaient jusque sous les murs de la ville, car les pierres portent encore les anneaux où l'on amarrait les barques. Mais, aujourd'hui, on attache les chevaux à ces mêmes anneaux.

Brouage est maintenant abandonnée; la pauvre petite ville, aux rues tirées au cordeau et où pousse l'herbe, avec ses maisons tombant de vétusté, est en complète décadence; entre ses fortifications qui datent de Vauban, contrairement à ce qu'on voit dans les autres villes fortes, les habitants n'étouffent pas. L'étranger qui va de Marennes à Rochefort ose à peine s'y arrêter, dans la crainte d'y contracter la fièvre paludéenne qu'engendrent les marais environnants.

L'amoncellement des vases a nivelé toutes ces côtes; il en est résulté, comme en Hollande, des polders, plaines basses qui dépassent à peine de quelques centimètres le niveau de l'Océan. On remarque de distance en distance des îlots surgissant au milieu de cette monotone planimétrie; ils représentent les derniers vestiges de l'ancien sol, submergé par les vases.

Aux temps préhistoriques, la Charente se déversait dans un estuaire marécageux, dont la partie la plus importante était située au nord de Rochefort. Là s'étendent aujourd'hui des prairies et des champs sillonnés par les canaux de Muron, de Parpins, de Céré, de Charras. Au sud, une baie profonde s'avançait jusqu'à Saint-Aignan. Brouage occupait l'entrée de cette baie.

La végétation s'est ajoutée aux alluvions : l'herbe, en poussant sur la vase, a exhaussé peu à peu le sol par l'accumulation de ses racines décomposées, jusqu'au moment où l'homme, anticipant sur les résultats ultérieurs, construisit des digues, pour séparer la mer des emprises incomplètement colmatées. C'est à l'initiative de Henri IV que l'Aunis doit d'avoir conquis sur la mer ses plus belles prairies.

Cette quantité de vases, d'après M. Bouquet de La Grye, provient des eaux troubles de la Gironde ; ce fleuve apporte une masse de boue mise en mouvement à chaque marée et entraînée en un courant d'une couleur d'ocre pâle qui s'étend, avant de disparaître, à une dizaine de milles au large. Il ne disparaît d'ailleurs que pour les yeux, car en réalité le fleuve, dans lequel la vase s'est condensée, continue à s'acheminer vers le large, jusqu'aux fonds de cent mètres. Ce champ de dépôts présente une superficie de deux millions d'hectares. C'est une assise géologique qui se prépare dans le mystère des fonds sous-marins.

Ce dépôt s'arrête au nord, au point de rencontre du courant côtier avec celui de la Manche ; il y a là un tourbillonnement des eaux, qui disperse et rejette probablement dans les grands fonds la boue qui a cheminé jusque-là.

Mais, dans les pertuis, la marée met en mouvement six milliards de mètres cubes d'eau ; aussi, quand elle est soulevée par le vent et que les lames l'agitent à une profondeur de cinquante mètres, la vase qui s'est déposée est alors remuée comme la poussière des rues à l'approche de l'orage. Cette eau chargée de vase pénètre avec le flot dans les pertuis. Le nouveau dépôt s'opère, adhérant aux couches précédentes, et, si le calme se prolonge, le tout acquiert bientôt, sous la pression, une consistance pâteuse. Ainsi ont été remblayés tous les marais de la côte de la Charente.

XV

LA CÔTE D'ARVERT

Les alluvions de la Gironde se sont fait sentir plus vivement encore dans l'estuaire de la Seudre qu'aux abords de la Charente. La Seudre est une rivière dont l'embouchure est plus importante que le cours lui-même. Son parcours absolument maritime a vingt-cinq kilomètres de long depuis l'écluse de Ribéron jusqu'à la mer. Le tirant d'eau dans le chenal a vingt-cinq mètres au canal de Marennes.

Cette rivière, à laquelle se ramifient de nombreux étiers, a la forme d'un arbre dont le tronc serait représenté par le cours d'eau et les branches par les étiers. Ceux-ci sont utilisés pour amener l'eau dans les innombrables parcs aux huîtres, industrie principale du pays.

La Seudre n'est plus aujourd'hui que le fossé d'écoulement qui draine les vases dans l'ancienne baie comblée par les eaux limoneuses, comme l'ont été les prairies de la Charente. Cette baie avait sept kilomètres de large sur vingt-cinq de profondeur; elle s'étendait jusqu'à Saujon, limitée au nord par la presqu'île de Saint-Just et au sud par l'île d'Arvert, qui est à peine isolée par un fossé.

Au delà de la presqu'île de Saint-Just, les marais, abandonnés par l'industrie saunière et n'étant plus drainés, se sont transformés en *marais gâts,* où les eaux de l'intérieur corrompues par les détritus végétaux engendrent des miasmes délétères; le système de drainage des canaux de Broue, de Mérignac, de Saint-Jean-d'Angle, aboutissant au canal de Brouage, n'a qu'une pente insuffisante. Ces canaux sont de plus obstrués par une végétation trop vivace pour opérer un assèchement complet.

Au milieu et sur les bords de ces marais se trouvent des mamelons plus élevés au pied desquels la mer venait expirer aux temps géologiques. Couverts de vignes et de céréales, leur riant aspect contraste avec les étangs fangeux et les champs de roseaux qui sont à leur pied. Parmi ces mamelons, celui de Marennes, élevé seulement de quinze mètres, la presqu'île de Saint-Just, l'îlot d'Hiers-Brouage et, à l'ouest de la Seudre, celui d'Arvert, étaient entourés de grèves, remplacées plus tard par les vases venues de la Gironde et transformées en marais gâts.

Entre l'estuaire de la Seudre et l'île d'Oleron s'étend

un vaste bassin dont le fond est parsemé de platins vaseux entrecoupés de canaux où séjournent les eaux des basses mers. Le flot y arrive impétueusement par le pertuis de Maumusson, détroit de deux à trois kilomètres de large, rendu si dangereux par la barre de Gatsau, que les marins les plus expérimentés n'y passent pas sans crainte; car, si le vent venait à manquer, leur navire serait infailliblement jeté sur les perfides bancs de sable qui forment la barre.

L'irruption de la marée se fait au moment où, sortant de la Gironde et pressée par le grand tourbillon de vagues dont Cordouan est le centre, elle se trouve mal équilibrée. Une partie contourne l'île d'Oleron, pénètre dans le pertuis d'Antioche, dont les eaux sont à ce moment au plus bas; alors il y a appel dans l'intérieur, et le flot, rencontrant celui qui arrive par le pertuis de Maumusson, se précipite dans la passe du Chapus.

Le fracas de ces courants contrariés, augmenté pendant l'hiver par la force du vent, produit un bruit étrange qu'on entend jusqu'à la Tremblade; les marins expriment l'état de la mer dans les pertuis en disant : « Maumusson a tiré. »

Ce pertuis change de configuration à chaque saison, on pourrait dire à chaque marée, et cela en dépit des travaux de défense où l'on s'épuise vainement. Suivant les historiens de la Gaule, il n'existait pas au moment de la conquête. Il n'en est fait mention dans l'histoire qu'à partir du seizième siècle; jusqu'alors, ce n'était qu'un fossé sans importance, ouvert dans un isthme de sables par la force des marées. Au dix-huitième siècle, il n'avait que deux mille quatre cents mètres de largeur. Il était alors moins large qu'aujourd'hui ; aussi ne faudrait-il pas s'étonner si le caprice des courants finissait par reconstituer l'isthme qu'ils ont coupé.

Toute la côte d'Arvert porte l'empreinte des mouvements de la Gironde : sous l'impulsion des eaux du fleuve, les sables des Landes, joints aux matériaux apportés par le flot descendant, vont s'échouer sur cette plage. Ils ont formé les champs des dunes d'Arvert, qui occupent une surface à peu près rectangulaire de trente-cinq mille hectares. Quelques-unes de ces dunes, comme celle du Sémaphore, dépassent une hauteur de cinquante mètres.

Au siècle dernier, avant qu'on eût entrepris de les fixer par des semis et des plantations de sapins, elles ont enseveli trois villages et une forêt qui existait encore en 1760. On parle aussi du village de Putensogne ou Anchoinne, ensablé à la pointe de Terre-Nègre ; on a même utilisé en 1695 les matériaux qui en provenaient pour les constructions environnantes.

Les habitants conservent aussi une tradition d'après laquelle, au nord de la forêt d'Arvert, près de la côte de la Coubre, d'autres villages auraient été abandonnés parce qu'ils avaient été ensablés. On a retrouvé dans ces derniers temps des vestiges de gros murs, qui sont les débris d'un village nommé Guériot. La configuration des côtes d'Arvert a été incessamment modifiée sous l'impulsion donnée aux sables par le mouvement des marées. Arvert fut séparé de la terre ferme par des canaux et des marais ; une chaussée le réunissait à Royan ; au quinzième siècle, les sables comblèrent un étang situé entre les deux villes.

En comparant la configuration de la côte avec les levers hydrographiques récents, on trouve de notables changements. A Bonne-Anse, la ligne de démarcation du rivage tracée en 1825 est différente de celle d'aujourd'hui ; car les dunes ont été absorbées sur une largeur de plus d'un kilomètre. Comme compensation, à l'ouest de la Barre-à-l'Anglais, des sables nouveaux ont refait une saillie courbe qui s'avance à plus d'un kilomètre de l'ancien rivage.

Ce qui a été dévoré de ce côté a été reporté d'un autre et compensé par une saillie qui se produisit plus loin.

La pointe de la Coubre a reculé de plus d'un kilomètre en cinquante ans ; elle se trouve maintenant dans l'alignement de la côte d'Arvert, au lieu de former un éperon. Cette pointe suit une oscillation qui est en rapport avec les déplacements de la passe navigable vers le nord. Pendant le treizième siècle, elle n'a pas dépassé la position occupée par le sémaphore de Bonne-Anse, parce que son développement, aussi bien que celui de la partie de côte comprise entre ce point et Maumusson, était arrêté par les courants de flot et de jusant qui traversaient les trois passes secondaires qu'on voit portées sur un plan de 1677.

Depuis trente ans on a lutté pied à pied avec la mer, on a entassé palissades sur palissades; on a semé des pins, tracé des réseaux de clayonnages. Mais, dans cette lutte organisée contre les éléments, les hommes n'ont pas toujours été vainqueurs.

Avec une patience énergique on a recommencé les travaux de plusieurs années qui avaient été détruits par une tempête d'hiver; le sémaphore miné à sa base a été reporté plus loin et protégé par des moyens plus puissants. Malgré cette persistance, qui fait honneur aux ingénieurs, on ne pourra oublier de sitôt le vieux dicton du pays : « Les dunes marchent en Arvert. »

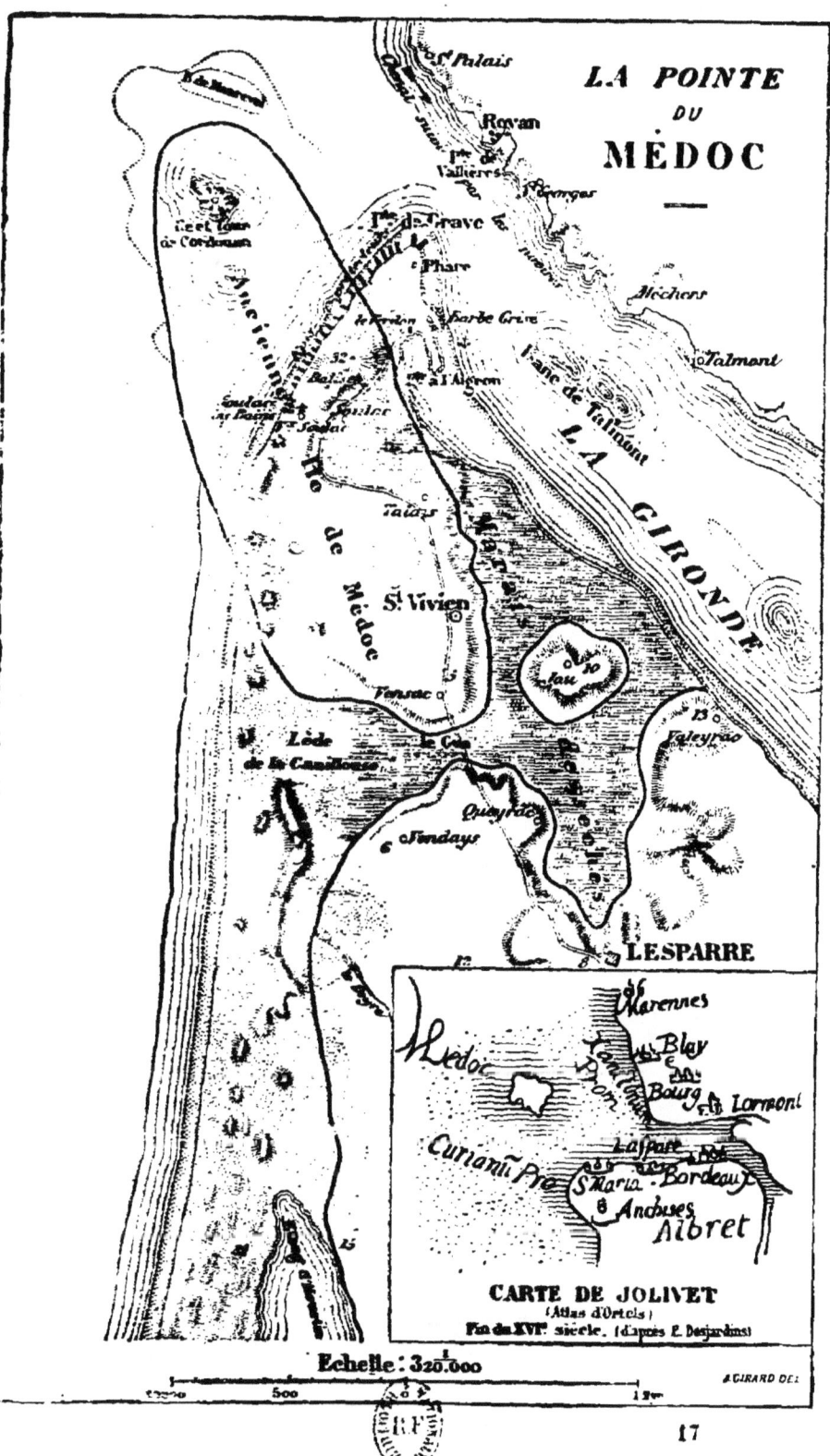

XVI

LA GIRONDE

Entre les deux pointes de sable de la Coubre et de Grave, s'ouvre le plus vaste estuaire de nos côtes : la Gironde. Aux temps anciens, il était remplacé par le golfe de Cordouan, dont il ne reste plus d'autre trace que le rocher portant aujourd'hui le phare de ce nom, et qui est le plus ancien et le plus élevé de cette partie du littoral : il est classé comme phare d'atterrage.

Les bancs et les écueils disséminés à l'entrée de la Gironde sont un témoignage des bouleversements des côtes ; l'inclinaison même de l'estuaire, dont l'axe s'infléchit au nord-est, est un indice de l'influence régulière des marées ; car, au lieu de se diriger perpendiculairement à la côte, comme la Loire, la Seine et autres fleuves, il s'est allongé dans le sens du courant côtier.

La côte de Saintonge avec ses collines calcaires a

résisté aux flots, mais celle du Médoc, essentiellement sablonneuse, a été soumise à de nombreuses perturbations.

Au milieu des bas-fonds de l'entrée de la Gironde, il ne reste plus que deux passes possibles pour la navigation : la passe de Grave, contournant la pointe de ce nom, où le chenal est peu profond, mais qui a une tendance à se creuser, et la passe du nord, qui longe la côte de Saintonge, offrant une profondeur de onze mètres ; c'est la seule praticable pour la grande navigation.

Il faut donc que le navigateur qui se présente pour entrer dans l'estuaire se dirige suivant des repères fixes tels que les balises, les phares et autres indications, qu'il faut suivre avec une scrupuleuse précision, car, s'il déviait de son alignement, il se perdrait sur ces nombreux bancs cachés sous l'eau.

D'après les indications fournies par les anciens manuscrits, la péninsule de Grave aurait été terminée par l'île de Médoc, nommé île d'Antros à l'époque romaine et confondue plus tard avec l'île de Cordouan. Une carte du seizième siècle place l'île de Médoc à l'entrée de la Gironde. Cette entrée n'était pas resserrée comme nous la voyons aujourd'hui ; les eaux s'épanchaient librement sur des bancs de sable et baignaient toute la côte du Médoc jusqu'à Lesparre. Depuis ce point jusqu'à Cordouan, il y avait des grèves faiblement inclinées ou des prairies submersibles, au milieu desquelles surgissaient les îles de Jau, de Médoc et de Talais, dont le point le plus élevé dépassait à peine huit mètres au-dessus des plus hautes mers.

Ces plateaux sont encore reconnaissables à leur relief et à la nature particulière du sol. C'est une couche de terre végétale sablonneuse sur quelques points, bien distincte des *palus* environnants, dans lesquels l'écoulement des eaux se fait au moyen d'un système de fossés de drainage.

Le sol des palus n'est autre que celui d'anciens relais de mer, abandonnés naturellement par les eaux. Il constitue un témoignage permanent des changements dus aux mouvements de la mer.

Le plateau de Cordouan ressemblait aux îles basses de la péninsule, si l'on s'en rapporte à une tradition d'après laquelle on aurait pu aller à Cordouan à pied sec au moment de la marée basse. Aujourd'hui, le rocher qui porte le phare est éloigné de sept kilomètres du continent et la passe de Grave est assez profonde pour permettre aux navires de passer.

Tous les efforts de la mer se sont réunis à l'extrémité de la péninsule, à la pointe de Grave ; là, elle ronge la terre et la déplace sans cesse. En comparant les cartes hydrographiques de 1752 avec celles de 1842, on trouve une différence de mille deux cents mètres dans la position de cette pointe ; quatre-vingt-dix ans ont suffi pour ce changement.

Suivant les cartes de 1818, la hauteur de l'eau était

de soixante-dix mètres à la pointe, à l'extrémité de la jetée ; il n'y a plus aujourd'hui que quelques mètres. La surface du terrain absorbé depuis le moyen âge représente un triangle à peu près équilatéral de dix kilomètres de côté. Par suite d'un tel déplacement, l'ouverture s'est modifiée et le régime des marées n'est plus le même ; une barre s'est formée du côté de Royan et le banc du Platin s'est exhaussé.

Au milieu de tous ces effets, la pointe de Grave tend toujours à se recourber vers l'est, sous l'influence du courant qui, longeant la côte, se prolonge jusqu'au saut de Grave. Si les courants descendant de l'estuaire ne contre-balançaient pas cette tendance, la pointe s'allongerait tellement qu'elle finirait par fermer l'entrée de la Gironde.

Ces effets se poursuivent depuis longtemps : l'embouchure s'ouvrait anciennement entre le rocher de Cordouan et Bonne-Anse ; ces points se relièrent au rocher de Saint-Nicolas de Grave et à Barbe-Grise ; ils se trouvaient sur la ligne droite prolongée de la côte des Landes. En 1705, l'extrémité de la péninsule était placée vis-à-vis la petite anse qui est en amont de Vaux ; elle était éloignée de quatre mille mètres de la pointe du Chai ; en 1842, elle était à cinq mille mètres. L'érosion a ensuite enlevé le rocher Saint-Nicolas et, à l'emplacement de la pointe actuelle, englouti une surface triangulaire ayant près de deux mille mètres de base.

Les derniers vestiges du plateau de Cordouan supportaient encore au moyen âge l'abbaye de Saint-Nicolas de Grave, construite en 1092 par Étienne, abbé de Cordouan. Un ancien manuscrit relate les précautions qui furent prises pour sauver le trésor de l'abbaye de Cordouan et de Soulac, lors de l'invasion des Normands. Le chroniqueur du treizième siècle fournit aussi des renseignements sur la position de ces monuments.

L'infatigable et sauvage énergie des vagues de l'Océan reconquit le domaine perdu. Pratiquant des trouées à travers les dunes friables, depuis la pointe de la Négade jusqu'à celle de Grave, elles les ont affouillées de plusieurs mètres à chaque tempête. En comparant le tracé de la laisse de haute mer déterminée par les ingénieurs en 1825, avec celui de 1874, on y remarque une déviation sensible de la courbe vers la pointe. La ligne de 1874 s'infléchit vers le rocher Saint-Nicolas, où une large bande de terrain a été abandonnée par la mer. Mais, depuis cet endroit jusqu'à la pointe de la Négade, le pied des dunes a été emporté sur une largeur variant de trois cents à sept cents mètres.

Tout ce cube de déblais a été porté par le courant côtier jusqu'à la pointe de Grave ; là, au milieu d'incessants tourbillons, il s'est arrêté, prenant la forme d'une digue allongée, qui constitue le petit port de la Chambrette, en s'appuyant sur le rocher de Barbe-Grise.

Les dunes comprises entre Soulac-les-Bains et la dune de Tout-Vent représentent un isthme bordé d'un côté par la mer et de l'autre par les palus de Soulac. Selon les cartes de 1774, la laisse de haute mer était, à Soulac, à neuf cent cinquante mètres de la vieille église qui date du onzième siècle, et faisait partie du monastère élevé sous Charles le Chauve. En 1818, la mer avait avancé de trois cents mètres; en 1865, elle n'était plus qu'à cinq cent soixante mètres. La tempête du 27 octobre 1882 a enlevé encore une tranche de trente mètres dans le sable du rivage; en cette seule marée, plusieurs habitations de plaisance bâties sur le bord même du rivage se sont effondrées à la suite des affouillements.

Voici donc un point sur lequel la mer a avancé de cinq cents mètres en un siècle, distance mesurée sur un point de repère fixe, l'église de Soulac, ensevelie sous trente mètres de sables, mais dégagée dans ces derniers temps. Si la destruction se poursuit de la même façon, on peut prévoir l'époque exacte où l'église sera engloutie.

Mais alors l'isthme de sable sur lequel elle a été construite sera rompu. L'ouverture s'élargira; la mer inondant le palus de Soulac, conquis sur elle depuis le moyen âge, ne trouvera plus d'obstacles; elle se précipitera à travers la tranchée toujours agrandie dans l'estuaire même; enfin, la péninsule sera transformée en une île sans protection, qui finira par être engloutie à son tour.

Si ce cataclysme se produisait, la rade de Verdon serait perdue, les grands fonds de la passe du nord seraient comblés, la pointe de Grave s'étendrait vers la pointe de la Coubre, où il se formerait un banc dangereux; en un mot, la navigation serait sérieusement compromise.

Ces graves éventualités préoccupent les ingénieurs qui ont entrepris une lutte patiente contre les assauts de la mer; ils élèvent des digues et des épis protecteurs sur toute la côte. Ces épis ont leur partie supérieure en pierre; leurs extrémités sont terminées avec des boucliers et des clayonnages bourrés de gravier. Quelques-uns de ces épis ont plus de cent mètres de long; ils occupent toute la largeur de la plage, depuis la limite des basses mers jusqu'au point extrême du mouillage.

Ainsi rapprochés de trois cents à cinq cents mètres environ, ils forment un bassin où la translation des eaux parallèlement à la côte est entravée, si bien que la lame se brise avec moins d'impétuosité.

Mais la victoire ne reste pas toujours aux ingénieurs; les travaux péniblement exécutés sont quelquefois le jouet d'une tempête; sans de continuelles réparations, il ne resterait plus de traces des ouvrages cyclopéens qui s'étendent depuis Soulac jusqu'à la pointe de Grave, où l'on a dépensé dans ces dernières années plus de douze millions.

C'est surtout à la pointe de Grave que l'on a employé tous les moyens possibles pour disputer à la mer un lambeau utile du sol de la patrie. Les travaux sont toujours à recommencer; on entasse à cet endroit des sommes considérables.

Malgré ces ouvrages, une partie de la digue de défense qui protège les *mattes* du bas Médoc contre la crue ordinairement plus paisible des hautes marées fut emportée le 19 octobre 1883. Le vent, soufflant « en foudre », comme disent les marins, poussa tellement les eaux à marée haute, qu'une étendue considérable de terrain fut submergée, les digues ayant d'abord été rompues. La brèche s'est produite au Chaysin, au point le plus vulnérable. Les courants atteignent là, à un certain instant de la marée, une violence redoutable.

On a craint un moment qu'une partie du bourg de Talais ne fût inondée. Les habitants, réunis au son du tocsin, ont dû faire d'urgence des travaux de défense. L'eau de mer s'est répandue non pas seulement sur des *palus* ou marais destinés aux pâturages, mais encore sur des champs ensemencés de blé. Il résulte de cette funeste invasion des eaux marines que, pendant trois ou quatre années, ces terres, arrachées depuis longtemps aux submersions, seront forcément incultes.

XVII

LES LANDES

Les landes de Gascogne, dont le caractère d'uniformité se retrouve sur beaucoup d'autres côtes bouleversées par la mer, occupent le côté occidental d'une immense plaine triangulaire, dont le sommet est situé à Toulouse et dont les côtés sont marqués par les fleuves de la Garonne et de l'Adour. Cette région, unique en France, est encadrée entre les dernières pentes des Pyrénées et le plateau calcaire du massif Central.

D'une altitude peu considérable et régulièrement inclinée, elle présente, sous une couche plus ou moins épaisse d'alluvions, des assises de roches, de sable, de grès et de molasse.

Tout porte à croire que cette région était, à une haute antiquité géologique, un immense marécage, où venaient se déverser la Garonne, l'Adour et la plupart de leurs affluents ; cette plaine, ressemblant un peu à un estuaire, a été insensiblement comblée par les dépôts provenant des cours d'eau. Si l'on recherchait dans le sol qui semble nivelé par les eaux les traces de l'ancienne embouchure de la Garonne ou de l'Adour, on pourrait y suivre les méandres qui conduisaient leurs eaux à la mer, à travers ce désert frappé de stérilité ; on y verrait les transformations successives d'estuaires antérieurs à la Gironde.

A mesure que la plaine se transformait et que les dépôts empiétaient sur l'Océan, les débris charriés, toujours plus légers, arrivaient à la mer. Broyés incessamment par les lames, ils se changeaient en un sable extrêmement fin, qui recouvrait les espaces immenses du littoral, refoulait les cours d'eau dans des directions constantes et constituait le sol tel que nous le trouvons aujourd'hui, c'est-à-dire une région très étendue, à végétation uniforme et, jusqu'à un certain point, réfractaire à la culture.

Depuis la Gironde jusqu'à l'Adour, la côte, limitée par la chaîne des dunes des Landes, se poursuit uniformément sur une longueur de deux cent cinquante kilomètres, avec une plage rectiligne sans la moindre déviation. En arrière se trouve une série d'étangs, recevant les eaux pluviales de l'immense plaine, dont l'écoulement est obstrué par la ligne des dunes. Quelques-uns de ces étangs sont des lacs importants, parmi lesquels on peut citer ceux de Cazau, de Biscarosse,

La Garonne à Bordeaux.

d'Aureillan, de Saint-Julien, de Léon, etc. Aucun ne communique directement avec la mer.

En arrière s'étendent à perte de vue les Landes ou *barthes,* plaines marécageuses et sablonneuses, vestiges d'un ancien golfe comblé par la mer. Au bord de la mer, l'uniformité est complète ; l'aspect des lieux semble immuable, le paysage est partout le même. Toujours mêmes dunes, mêmes sables, mêmes brisants du large qui se poursuivent et viennent dérouler à grand bruit leur nappe écumante. De loin en loin quelque épave de navire naufragé qui tranche sur la blancheur du sable.

La chaîne des dunes, sorte de rempart naturel contre la mer, forme une bande de cinq à huit kilomètres de large d'un sol ondulé de mamelons irrégulièrement disposés, séparés les uns des autres par des plaines ou *lèdes.* Sous l'impulsion des vents du nord-ouest, ce sable si fin, si mobile, si régulier, s'avance graduellement, comme la poussière chassée par le vent, avec une vitesse que l'on estime, dans quelques endroits, de vingt à cinquante mètres par an; il envahit tout et détruit tout devant lui.

Les dunes ont pour origine l'accumulation du sable desséché au delà de la plâge. Les tranchées ouvertes ont démontré la régularité de la superposition des couches. La formation est plus ou moins rapide suivant laforce, la direction habituelle du vent et la nature du sable. On estime à deux cents mètres cubes par mètre courant le volume des sables amassés en cinquante ans.

Comme la longeur de la côte des Landes est à peu près de deux cent trente kilomètres, le volume total serait d'environ quarante-six millions de mètres cubes.

Les exemples de villages ensevelis sous les sables par les vents du large sont fréquents depuis le moyen âge. Les titres de cette époque mentionnent le nom de villages disparus dans les Landes. Tels ont été ceux de Sainte-Eulalie, Lège, Soulac, dont l'église subsiste encore. Les forêts de pins de Saint-Julien, de Let, de Lacanau ont été recouvertes. Actuellement, le village de Mimizan est menacé par un demi-cercle de monticules dont l'altitude atteint au maximum soixante-dix-neuf mètres ; son église est déjà en partie recouverte et son port, qui jouissait d'une certaine importance au moyen âge, a disparu sous la dune d'Udos.

On conjure les submersions en continuant l'œuvre puissante de Brémontier, qui entreprit, en 1787, la fixation des dunes par la plantation de l'*Arundo arenaria*, plante propre au littoral, poussant admirablement dans les sables.

La fixation ne se fait pas uniquement avec cette plante fragile : elle ne sert que pour une première période de consolidation artificielle du sol ; elle le revêt d'une couche protectrice, sur laquelle on fait pousser d'autres plantes plus élevées, les ajoncs ; puis enfin, à l'abri de ces derniers buissons, on plante le pin maritime, essence admirablement adaptée aux sables.

Bien que les Landes se recouvrent de plus en plus

Les Landes.

de sapins, l'œuvre de Brémontier est loin d'être terminée. On lutte sans cesse contre l'instabilité des sables pour gagner un sol ingrat à la culture, en attendant le jour où la végétation, s'en étant emparée, pourra y déployer son exubérance.

Dans les endroits où les arbres ne peuvent pas prendre racine, où les ajoncs n'ont pas le temps d'enfoncer leurs radicelles dans le sable, on les remplace provisoirement par des palissades à claire-voie disposées de façon à dériver les courants du vent, qui se joue capricieusement sur les crêtes aussi bien que dans les vallonnements.

Le vent du large tourbillonne, enlevant des colonnes de sable qu'il va déposer plus loin. Mais ces dégradations que fait le vent n'attaquent que le sable dont la surface est nue ; il n'a aucune action là où la végétation, même celle des mousses, ou simplement les débris végétaux couvrent la surface comme d'un feutrage. Enveloppée d'une couche protectrice, la dune est alors fixée.

Grâce à la fixation des dunes, les côtes landaises sont couvertes de riches forêts de pins maritimes produisant la résine et le bois de construction; ces plantations ont fait disparaître les fièvres et le *sinistre pellagre* dans la « lande rase ».

Tout le sous-sol des Landes est formé d'une couche d'*alios* que l'on rencontre à une profondeur d'un mètre, couche pierreuse de couleur brune, d'épaisseur variable, mais généralement assez faible et recouvrant elle-même une couche indéfinie de sable identique à la couche superficielle.

Sous cet alios, qui est une sorte de ciment, point de sources, aucune trace d'eau pendant l'été ; mais en hiver, au contraire, les eaux pluviales, si abondantes sur ces côtes, s'abattant pendant plus de six mois sur le sol, où elles ne trouvent ni écoulement intérieur, ni écoulement superficiel, restent stagnantes jusqu'à ce qu'elles aient été évaporées par les chaleurs de l'été.

On se figure facilement les tristes effets qui résultent de cette succession continuelle de six mois d'inondation après une longue période de sécheresse. L'assainissement n'était pas seulement une amélioration utile pour cette région, c'était une condition indispensable pour la mettre en culture. Il fallait trouver un moyen économique de réaliser cette amélioration.

On commença vers 1849 par les landes de Saint-Alban ; celles-ci étaient tellement inondées qu'on ne pouvait y circuler la moitié de l'année que sur de hautes échasses. Des fossés de 1^m,20 de largeur sur 0^m,40 de profondeur y furent ouverts dans le sens de la plus forte pente et dans une direction perpendiculaire, embrassant une longueur totale de quatre cents mètres par hectare. Ce fut un véritable drainage à ciel ouvert, dont l'effet fut complet et immédiat. Le terrain fut si bien asséché que, pendant les plus fortes pluies de l'hiver, l'eau coulait avec une remarquable régularité dans les fossés et il n'y avait à la surface aucun trou d'eau stagnante.

Après avoir appliqué ce système d'assainissement sur plusieurs autres parties, on fit des semis de pins et de chênes qui réussirent au delà de toute espérance. Les chênes, bien que venus rapidement, donnèrent cependant un bois de qualité supérieure.

Depuis ces premiers essais, la culture forestière est développée dans les landes; le système d'assainissement n'a pas encore été appliqué à toute leur étendue, mais il s'étend au fur et à mesure des ressources; les fièvres disparaissent et le terrain produit.

Mais il reste encore des surfaces considérables où en hiver et au printemps le sol est inondé; en été, au contraire, la surface se dessèche et il faut creuser à plus d'un mètre pour trouver la couche d'eau. Or tous les produits de la décomposition des végétaux, tenus en suspension dans l'eau, viennent nécessairement s'accumuler à cette surface et ne tardent pas à cimenter les grains quartzeux.

La couche d'alios se retrouve sur la plage où elle affleure; l'érosion met à jour de grandes plaques, découvertes seulement du côté où le rivage s'abaisse et recouvertes encore à la partie supérieure. Mise à nu dans certains endroits, cette couche se présente recouverte d'une substance ligneuse conservant, comme la tourbe, des fibres végétales et des fragments de bois durci. On y trouve aussi des racines de sapins bien conservées adhérant au sol ; cette superposition indique l'existence préalable de marais et de forêts recouvertes de dunes.

L'idée qu'on se fait des Landes est celle d'un désert aride où croissent péniblement quelques ajoncs et d'autres végétaux de marécages plus maigres encore, ayant pour unique horizon les sables amoncelés. Tel n'est pas cependant l'aspect général de ce département, qui prend une physionomie plus riante. Du reste, une culture intelligente gagne tous les jours du terrain à la végétation. Tel le voit-on quand on le traverse en chemin de fer de Bordeaux à Bayonne.

Cette région déserte a cependant son caractère propre, laissant une impression profonde de tristesse, qui se mêle au charme de l'étendue. Les grands étangs qui séparent les champs d'ajoncs des bois de sapin sont bordés de pâturages où paissent de nombreux troupeaux ; dans les prés moins humides errent en liberté des chevaux de race nerveuse. De plus en plus couvertes de sapinières, ces solitudes deviennent moins arides.

Près des étangs littoraux le paysage change ; leurs abords sont plus favorisés de la nature : on y rencontre des plaines couvertes de récoltes et des coteaux tapissés de vignes. Les habitants paraissent plus vigoureux et plus heureux. Les eaux de ces lacs sont peu profondes et d'un rouge noirâtre quand elles sont vues de près ; mais sous le ciel brillant de l'été, elles resplendissent comme la surface azurée de l'Océan. Les étangs, les champs de roseaux, les forêts, la lande rase, les lèdes, où l'on entend le murmure perpétuel de l'Océan, donnent à cette région, unique en France, un aspect d'une originalité saisissante.

De tous ces lacs, le bassin d'Arcachon communique seul avec la mer; il est aussi le plus vaste, puisqu'il occupe une surface de quatorze mille six cents hectares. La mer y pénètre au moyen d'un chenal obstrué par une barre sans cesse déplacée; aux grandes marées, elle s'y précipite en torrents furieux, qui s'en échappent ensuite vomissant un volume d'eau égal à celui du fleuve des Amazones. Aussi les violents courants remanient-ils incessamment les contours de la passe.

La pointe du cap Ferret change perpétuellement de position; depuis 1768, elle s'est avancée vers l'est. Avec les documents fournis par les relevés hydrographiques exécutés à différentes époques, on a réussi à établir vingt positions différentes, dont la plus au sud est éloignée d'un kilomètre de celle qui est le plus au nord.

Le relief sous-marin se modifie en une seule tempête.

De l'avis des marins du bassin d'Arcachon, de l'embouchure de la Gironde et des pertuis de la Charente inférieure, les flots de la mer n'ont jamais dépassé en violence la tempête du 27 octobre 1882. Au moment où la mer montait, une sorte de raz-de-marée s'est fait sentir dans tout le golfe de Gascogne où ce phénomène est inconnu.

Il a été surtout sensible dans les baies profondes telles que le bassin d'Arcachon, la Seudre et le fond des Pertuis. La mer, subitement gonflée, est venue battre certains points du rivage qu'elle n'atteignait jamais ou qu'elle avait abandonnés depuis longtemps, par suite des envasements et des ensablements.

A Soulac, où le rivage est composé de dunes de sable formant une rive molle et mobile, la mer a gagné une dizaine de mètres en quelques heures, offrant ainsi aux géologues une vaste coupe des terrains du littoral. Selon M. Goudineau, la mer n'aurait gagné que deux mètres de 1855 à 1872 et neuf mètres de 1879 à 1881. Les tempêtes des années précédentes auraient été bien surpassées par celle du 27 octobre 1882.

La mer a détruit les chalets situés trop près du rivage, elle a transporté au sud de Soulac tous les matériaux qu'elle a arrachés au sol, et elle y a formé un banc qui finira par émerger totalement.

Le port de La Teste, placé au sud des prés salés de ce nom, a eu aussi beaucoup à souffrir. La digue, longue de huit cents mètres, élevée à cinq mètres et même cinq mètres quarante centimètres au-dessus de l'étiage, a été coupée sur deux points. Au moment de la pleine mer, les eaux passaient par-dessus la digue dans toute sa longueur. La violence du vent était telle que des embarcations ont été retrouvées le lendemain à plus de cinq cents mètres de leur place, ayant franchi successivement plusieurs digues.

Le chemin de fer qui longe le bassin d'Arcachon a été intercepté dans plusieurs endroits. Dans l'île des Oiseaux, située au milieu du bassin, trente-trois cabanes ont été emportées pendant la nuit.

Le niveau exceptionnel atteint pendant cette tempête a donné lieu à plusieurs observations intéressantes ; la pointe du cap Ferret est alimentée d'eau douce par des puits qui vont jusqu'à une nappe souterraine, paraissant s'étendre dans toute la presqu'île du cap. On avait précédemment remarqué que le niveau de l'eau suivait le mouvement de la marée, et que même à marée basse, sur certains points, l'eau suintait à travers le sable. Le niveau atteint par cette marée exceptionnelle a été assez élevé pour que l'eau d'un de ces puits, situé à l'ouest du phare, ait débordé et soit venue inonder les terrains bas environnants. Dans plusieurs puits ainsi alimentés, l'eau de mer a pénétré par infiltration, de sorte qu'ils ont dû être abandonnés.

Tel n'est cependant pas toujours l'aspect du bassin d'Arcachon. Les bords, parsemés de villas, donnent au paysage un caractère gracieux, embelli encore par les belles journées d'été pendant lesquelles des milliers de baigneurs peuvent s'aventurer sans danger dans ces eaux calmes et peu profondes.

Pendant l'hiver, les chalets répandus dans la forêt permettent aux malades de respirer un air où se combinent, dans des proportions dosées suivant la localité, les émanations salines d'une part, et résineuses de l'autre. De plus, le séjour au milieu des forêts de pins préserve les poitrines délicates des vents violents du large.

Les autres étangs littoraux des Landes n'ont pas de communication directe avec la mer. Ceux de Cazau et de Biscarosse, réunis par un système d'écluses et de canaux, communiquent avec la mer par l'exutoire du courant de Mimizan, estuaire profondément agité par le remous des eaux entrant et sortant à chaque marée.

Entretenu cependant par les eaux douces accumulées naturellement dans l'intérieur et formant chasse à marée basse, le courant de Mimizan a conservé sa position depuis une époque reculée, si l'on en juge d'après la voie romaine qui suivait et suit encore sa direction.

Toute cette région présente une physionomie spéciale, autant par l'âpreté de la nature que par le caractère particulier de ses habitants. Le paysan landais mène une vie presque nomade : il habite une cabane construite en roseaux ; couche à terre sur quelques peaux de mouton, enveloppé dans une cape de la même toison. Quelques-uns même n'ont qu'une tente, afin de demeurer libres de changer de séjour. La famille, encore constituée patriarcalement, s'occupe aux travaux du labourage, à couper du bois dans les forêts, à récolter la résine, à faire du charbon, à écorcer les chênes-lièges. Les enfants, montés sur de grandes échasses, gardent les troupeaux.

Le bétail est peu nombreux et de valeur fort médiocre ; les chevaux seuls, qui sont en assez grande quantité, méritent d'être cités pour leur force de résistance aux intempéries des saisons.

Quelquefois il arrive au voyageur de rencontrer quelqu'une de ces caravanes composées de plusieurs charrettes, chacune attelée de deux maigres bœufs, portant sur le dos une couverture de toile grossière et qui marchent lentement à travers ces déserts. A l'étrangeté du costume des conducteurs, à leurs manières rudes, on se croirait dans quelque contrée lointaine et tout à fait étrangère à notre civilisation.

XVIII

L'ADOUR ET SES ENVIRONS

Si l'on poursuit l'examen de la côte en descendant vers le sud, on rencontre un petit étang littoral encadré dans des bouquets de sapins tranchant sur l'aridité des sables environnants : l'étang de Hossegros, qui forme le dernier anneau de cette chaîne à peine interrompue de lacs grands et petits, traces anciennes déjà d'une période où la mer avait une activité différente de celle d'aujourd'hui. Cette chaîne s'étend parallèlement au rivage, entre les dunes et la « lande rase ».

L'étang de Hossegros communique avec la mer par le petit ruisseau de Bouret, lequel a pour exutoire définitif le havre de Cap-Breton, formant lui-même l'estuaire du ruisseau de Boudigau. Ce modeste cours d'eau, souvent à sec pendant une notable partie de l'année, reçoit le drainage des marais d'Orx, ancien étang marin, desséché il y a une vingtaine d'années.

Ce petit ruisseau est le dernier vestige du lit de l'Adour. Cette rivière fut plusieurs fois déplacée. Elle a suivi dans ces bouleversements le sort commun à toutes les rivières qui se jettent sur une côte sablonneuse battue par les grandes vagues de l'Océan : l'eau provenant de l'intérieur, toujours refoulée par leur choc et les sables accumulés à l'embouchure, ne pouvant plus s'écouler, s'épanche derrière les dunes.

Au treizième siècle, l'Adour se jetait dans l'Océan à Cap-Breton. On assure que vers 1369, à la suite d'une tempête, « les sables furent rejetés par les vagues de manière à constituer là un véritable barrage, et que les eaux du fleuve allèrent se frayer un passage jusqu'au Vieux Boucau, à dix-huit kilomètres au nord de Cap-Breton ; et pendant deux siècles, les navires durent suivre ce cours tortueux pour remonter de la mer jusqu'à Bayonne ».

En 1578, Louis de Foix fut chargé par le roi Henri III de changer le lit de l'Adour et de percer la ligne des dunes qui, aux environs de Bayonne, séparait le fleuve de l'Océan.

Louis de Foix fut aidé dans son œuvre par la tempête et par les pluies diluviennes qui, au mois d'octobre 1579, déterminèrent de fortes crues. Grâce à cette inondation favorable, la barre de sables qui s'opposait au passage de l'Adour fut emportée et rejetée à la mer. Depuis cette époque, l'embouchure s'est maintenue au Boucau Neuf.

Dans cette lutte perpétuelle, force est restée aux eaux douces, en attendant que d'autres événements se produisent. Quand l'Adour débouchait dans le « gouf » ou gouffre de Cap-Breton, son entrée était moins sujette à être obstruée par la barre. Les lames de fond venant à travers le golfe de Gascogne, avec toute l'amplitude que leur donnent les vents d'ouest, se relèvent en arrivant sur la pente inclinée de la plage et se heurtent contre le courant qui longe la côte. Celui-ci, transportant longitudinalement les sables, les dépose à l'endroit même où ce charriage se trouve intercepté par le courant du fleuve.

Aussi l'embouchure a une tendance à s'infléchir vers le sud, en suivant la direction du courant. Si les ingénieurs ne régularisaient pas cette entrée, la pointe de sable finirait par s'allonger indéfiniment, parallèlement à la côte, laissant entre la mer et le continent une lagune où les eaux de l'intérieur viendraient s'épancher.

Les bancs mobiles qu'il faut franchir, en profitant du moment exact de la pleine mer, en rendent le passage difficile ; il faut un pilote expérimenté pour diriger le navire au milieu des brisants et des sables dont la position change à chaque marée.

Malgré toutes les tentatives faites depuis le commencement de ce siècle pour améliorer la barre, les naufrages y sont fréquents. Les travaux exécutés à grands frais n'ont pas répondu à l'attente des ingénieurs. Seules les jetées à claire-voie, essayées dans ces derniers temps, ont donné un résultat meilleur.

Au sud de l'Adour, la côte est encore bordée, sur une longueur de trois kilomètres, par de hautes dunes couvertes de pins; dernière expression de la région des Landes, elles comportent encore une série de lacs qui sont un diminutif de l'interminable chapelet qui s'égrène depuis la Gironde jusqu'à la côte d'Espagne.

Les petits lacs de Chiberta et de Boucau sont au sud les derniers de cette série.

Cette côte des Landes, limitée par la ligne droite de la grève, qui semble tirée au cordeau depuis la pointe de Grave jusqu'à l'Adour, présente une particularité. En face de l'estuaire ou havre de Cap-Breton s'ouvre une remarquable dépression sous-marine : le gouffre ou « gouf » de Cap-Breton. Elle forme un accident géologique étonnant sur cette côte aux fonds réguliers, où l'on trouve une pente décroissante non interrompue jusqu'aux grandes profondeurs de mille mètres et au delà.

Le gouffre a 380 mètres de profondeur, sur dix kilomètres de long et quatre de large. Les eaux y sont comparativement tranquilles, au milieu d'une mer toujours soulevée par les vents d'ouest. Aussi les marins de la côte, bien au courant de ce phénomène, viennent-ils se réfugier dans cette zone calme pendant les coups de vent.

Ce calme provient probablement de l'inertie de la masse relativement considérable des eaux accumulées dans cette anfractuosité sous-marine ; la propagation des grandes ondulations de l'Océan y exerce une action plus restreinte que sur l'ensemble de la nappe d'eau. Aussi a-t-on proposé de créer en cet endroit un port de refuge.

A Cap-Breton, il y a quinze mètres d'eau à deux cent cinquante mètres de l'estacade. Un filet de pêche, coulé dans ces fonds de quinze mètres, y reste sans s'ensabler ; ce qui démontre que les flots du fond n'agissent pas dans cette profondeur, grâce à ce gouffre dont les ondes marchent avec un mouvement d'oscillation verticale qui ne se rencontre sur aucune autre partie des côtes. Le courant littoral s'arrête devant cet endroit, où la mer ne brise jamais.

Cette curieuse dépression a été considérée soit comme une ancienne vallée résultant d'un effondrement, ou bien comme étant l'ancienne embouchure de l'Adour. Elle a été en 1880 l'objet d'une exploration, entreprise dans le but d'y étudier la faune sous-marine. MM. Milne-Edwards, Fischer et de Folin y ont découvert de nombreux spécimens du règne animal correspondant aux représentants similaires qu'on trouve dans l'Atlantique. Les sondages ont démontré que l'orographie sous-marine n'avait subi aucune modification depuis le commencement du siècle.

A la suite des petits lacs de Chiberta et de Boucaou, se trouve le cap Saint-Martin, où l'on visite la Chambre d'Amour, anfractuosité caractéristique des premiers contreforts pyrénéens. En bas de ces falaises s'élève Biarritz, ville de bains de mer curieuse par ses pittoresques rochers, creusés, évidés, émiettés par les flots. Ces accidents naturels présentent sur toute cette côte les formes les plus fantastiques. L'un d'eux, qu'on appelle la Roche percée, présente l'aspect d'une sorte de casemate et laisse voir, comme dans un diorama, par l'ouverture d'une voûte, les plus beaux brisants. Au moindre vent, les vagues se précipitent avec un élan majestueux contre cet écueil, jaillissant dans les airs en flocons d'écume avec un bruit sourd et un éclat lumineux qui rappelle un feu d'artifice. On voit alors couler sur les flancs de ces noirs rochers, chaque fois qu'une vague a passé, de véritables cascades aux mille filets d'eau, argentés comme ceux qui tombent des hautes montagnes.

Avec ces curiosités naturelles, Biarritz est devenu le rendez-vous de la foule élégante ; son climat, tempéré par le voisinage de la mer, lui a procuré le double avantage d'être une station d'été, en même temps qu'une station d'hiver. On y remarque la belle plage unie de la côte des Fous, l'anse étroite des Pêcheurs, le Port-Vieux, encaissé au milieu de rochers. Plus loin s'étend la dangereuse côte des Basques, ainsi nommée d'après les navigateurs qui harponnèrent les premiers la baleine, aujourd'hui entièrement disparue de ces parages.

Après avoir doublé la pointe de Sainte-Barbe, on pénètre dans la baie de Saint-Jean-de-Luz, large de mille cinq cents mètres et profonde d'un kilomètre ; cette gracieuse baie étant ouverte aux vents du large, « il n'est peut être pas, même en Bretagne, un point des côtes françaises où l'érosion ait plus de fureur ». Toutes les digues qu'on a opposées à ces lames monstrueuses ont été balayées par les tempêtes d'hiver. La mer ronge peu à peu les bords de la baie; aussi elle forcera la ville à remonter sur la colline du nord-est pour y trouver plus de sécurité.

Cette baie, si sûre au moyen âge pour le mouillage des navires basques, est peu à peu devenue dangereuse par suite de la disparition des rochers d'Arta, qui en formaient l'entrée. Ces rochers, protecteurs naturels de ce magnifique bassin, furent emportés par les tempêtes d'hiver. Tous les travaux entrepris par Vauban pour y former un port de refuge ont été engloutis.

Dans ces dernières années, on s'est occupé de prolonger la pointe de Socoa par d'énormes blocs de béton pesant jusqu'à quarante et quarante-cinq tonnes. Ce rempart, œuvre gigantesque, a résisté depuis vingt ans sans avoir souffert des tempêtes de plusieurs hivers.

Cependant le péril n'est pas conjuré; malgré cette protection qui réduit considérablement l'ouverture, les ondulations des flots se propageaient jusqu'au fond de la baie ; en 1873, la haute mer y battait le pied des murailles des maisons ; aujourd'hui, elle déferle jusque dans la Grande-Rue. Pendant le siècle dernier, elle a avancé de cent quarante mètres ; depuis, la plage a toujours reculé.

Une série d'études poursuivie par M. Bouquet de la Grye, ingénieur-hydrographe, a permis de constater que, depuis 1863, les marées devenant de plus en plus fortes, il se produit une progression constante dans les dégâts.

Sur toute cette côte, une surface notable du sol disparaît chaque année sous l'effort des lames ; en tous ces points les produits de l'érosion sont palpables ; comme sur un grand nombre d'autres points, on a pu reconstituer le cube des déblais, dans les endroits où il y avait eu érosion.

Les dunes formées au delà de la plage n'ont pas beaucoup augmenté. La mer a pourtant rasé en cent cinquante ans une partie de la ville et lui a substitué des fonds de six mètres, en détruisant à cinq reprises différentes les digues élevées pour sa protection. Mais ce ne sont pas là des résultats uniquement dus à une seule direction des « coups de mer » ; on se trouve ici en présence de conditions plus complexes qui tiennent à ce que des bancs de rochers, inclinés sur l'horizon et sur la direction des lames, transforment une partie de leur force vive et produisent des courants qui engendrent à leur tour une série d'effets nouveaux.

L'examen des documents concernant la baie, depuis cent quarante ans, a démontré que chaque section de jetée établie à l'entrée s'est traduite par un effet produit dans le volume de la baie. On ne doit donc pas redouter l'avancement de la mer autant que l'atterrissement de l'ancien mouillage.

Les ingénieurs ont eu pour cette charmante petite baie une sollicitude spéciale, parce qu'elle peut offrir une protection d'autant plus importante qu'il n'existe sur toute cette côte dangereuse aucun refuge et qu'il est utile d'avoir un port pour le commerce national près du point où finit la côte française.

Plus loin s'étendent, sur environ quinze kilomètres, les grèves de l'embouchure de la Bidassoa, qui sert de limite à la France et à l'Espagne. Cette rivière s'élargit brusquement à Béhobie, laissant au milieu des sables plusieurs îles, parmi lesquelles celle de la Conférence, célèbre dans l'histoire par le traité qui y fut signé. La Bidassoa ne forme plus ensuite qu'un large estuaire que la mer couvre quand elle monte; il atteint à son entrée une largeur de quatre kilomètres, entre la pointe Sainte-Anne et le cap du Figuier.

La limite territoriale avait autrefois pour démarcation la rive française atteinte par la marée; tout l'estuaire appartenait à l'Espagne. Aujourd'hui, les arches centrales des ponts de Béhobie et d'Hendaye servent de frontière. Du côté de la mer, les pierres de Sainte-Anne dressent comme les deux bornes frontières entre les deux pays. On pourrait y graver ces mots : *Hic finis Galliæ* (*Ici finit la France*). Ici aussi s'arrêtera la description où nous avons essayé de faire parcourir au lecteur nos côtes, depuis les brumes des Pays-Bas jusqu'aux plages ensoleillées qui sont adossées à la base des Pyrénées.

FIN

EXPLICATION

DE QUELQUES TERMES TECHNIQUES

EMPLOYÉS DANS LES RIVAGES DE LA FRANCE

Alios. — Couche pierreuse avec sables agglutinés par la terre glaise qui forme le sous-sol des Landes.

Appareil littoral. — Ensemble des éléments qui constituent les plages, modifiés suivant les mouvements de la mer.

Argile wealdienne. — Argile grise, d'un bleu noirâtre ; elle renferme de nombreux fossiles, ainsi que des restes d'animaux vertébrés.

Balise. — Marque visible à grande distance, qui est placée sur les écueils, sur des bouées flottantes, ou des perches, dans le but d'indiquer les dangers qu'un navire doit éviter.

Barthes. — Zone de marais sablonneux particuliers aux Landes et à peine propres aux pâturages.

Bassin de retenue. — Bassin naturel ou artificiel dans lequel les eaux sont emmagasinées au moment de la pleine mer, pour s'écouler ensuite quand elle baisse et former ainsi un courant qui entraîne au large les sables ou galets apportés par la marée.

Clayonnage. — Claie ou haie construite avec des branches entrelacées destinée à arrêter les sables soulevés par le vent.

Colmatage. — Dépôt de vases tenues en suspension par l'eau calme.

Épi. — Digue en terre, en charpente ou en maçonnerie, destinée à protéger un endroit contre la violence d'un courant.

Érosion. — Destruction des côtes par l'effet du mouvement des eaux.

Étale. — La mer est étale lorsqu'elle est dans un état stationnaire, c'est-à-dire lorsque le flux et le reflux journaliers sont terminés.

Ételles. — Nom donné aux vagues qui se manifestent dans un fleuve après le passage du mascaret.

Étier. — Estuaire aux proportions réduites où les eaux de la mer ne pénètrent qu'au moment de la marée haute.

Emprise. — Partie de terre retranchée par suite d'une transformation due au mouvement des eaux.

Feux de marée. — Terme figuré employé dans certaines localités pour désigner la violence du courant.

Faille. — Fissure du sol qui se propage sur une grande longueur et concorde avec un dérangement dans le niveau des parties correspondantes.

Goulet. — Canal étroit par lequel la mer communique avec un port ou une rade.

Laisse de haute ou basse mer. — La mer *laisse* lorsque son niveau s'abaisse par le mouvement descendant de la marée ; la *laisse* de haute mer est le point maximum atteint par la marée.

Lèdes. — Espaces sablonneux qui s'étendent entre les dunes des Landes.

Marais salants. — Bassin peu profond dont le sol régularisé est divisé en compartiments destinés à favoriser l'évaporation de l'eau de mer pour obtenir le sel.

Marais gâts. — Gâté ; marais envahi par les roseaux et les plantes aquatiques, où l'écoulement des eaux ne peut se faire naturellement.

Mattes. — Prairies conquises sur la mer.

Mollasse. — Ou grès argilo-calcarifère ; roche composée de grès, d'argile et de calcaire.

Molle eau. — Moment où, après s'être abaissée par le reflux, la marée reste stationnaire en attendant le flux suivant.

Morte eau. — Époque à laquelle les marées sont moins considérables pendant une lunaison, c'est-à-dire au temps des quadratures de la lune.

Mouillage. — Lieu de la mer où les navires peuvent être retenus au moyen de leurs ancres.

Mielles. — Nom donné aux dunes sur la côte du Cotentin.

Platin. — Banc de vase ou de sable.

Palus. — Marais.

Pellagre. — Maladie particulière aux habitants des Landes, due aux émanations paludéennes et à l'absence de précautions hygiéniques.

Parc aux huîtres. — Bassin artificiel où les huîtres sont déposées avant d'être livrées à la consommation.

Perrey. — Plage de galets.

Relais de mer. — Surface abandonnée, laissée naturellement par la mer ; espace comblé par les alluvions.

Thalweg. — Mot allemand ; le fond, la partie plate d'une vallée.

Tangue. — Dénomination particulière donnée au sable des plages sur la côte de Bretagne.

Terpen. — Monticule (hollandais).

Valleuses. — Pour vallée ; terme local.

TABLE DES MATIÈRES

	Pages.
Préface	1
I. — Le Pas de Calais avant l'histoire	9
II. — L'ancien pays des Morins	21
III. — Le Marquenterre	37
IV. — Les grèves de la Somme	59
V. — Les falaises de la haute Normandie	73
VI. — Le Havre et l'embouchure de la Seine	101
VII. — Le Cotentin et la basse Normandie	117
VIII. — La baie du Mont-Saint-Michel	141
IX. — La baie de Saint-Malo	155
X. — La Bretagne	165
XI. — Le Morbihan	193
XII. — L'embouchure de la Loire	203
XIII. — L'ancien golfe du Poitou	223
XIV. — La Charente	239
XV. — La côte d'Arvert	251
XVI. — La Gironde	259
XVII. — Les Landes	267
XVIII. — L'Adour et ses environs	285
Explication de quelques termes techniques	293

SOCIÉTÉ ANONYME D'IMPRIMERIE DE VILLEFRANCHE-DE-ROUERGUE
Jules Bardoux directeur.

ERRATUM

Par suite d'une erreur de mise en pages, on a placé à la page 139 une vignette qui devait être portée à la page 240, et avoir pour légende : *La pointe des baleines à l'extrémité de l'île de Ré,* au lieu de *Mielles du Cotentin.*

Conserver

www.ingramcontent.com/pod-product-compliance
Lightning Source LLC
Chambersburg PA
CBHW070746170426
43200CB00007B/666